もしも・・・あなたが外国人に「日本語を教える」としたら

東京外国語大学准教授
荒川洋平 著

スリーエーネットワーク

もしも…
あなたが外国人に
「日本語を教える」としたら

Yohey Arakawa
荒川洋平 著

スリーエーネットワーク

外国語としての日本語に対峙《たいじ》する

林　望

じつは私も大学で「日本語教授法」というものを習ったことがある。そこで学んだことは、日本語を正確に巧みに使うということと、それを「外国語として」外国人に教えるということは、まるっきり違った営為だということである。いや、もっと正確にいうと、母語としての日本語が正しく美しく使えるということは日本語教授法上は必要条件であって十分条件ではないのだ。どうしてそうなのかということは、この『もしも…　あなたが外国人に「日本語を教える」としたら』を一読するとよく分かる。いや、分かったからとて直ちにうまく教えられるというものではないが、ともかく「まず何が問題なのか」ということを具体的に「知る」ことができる。出発点はそこなのだ。

NOZOMU

とかくこうした分野の本は、理屈っぽくて読みにくく無味乾燥ということが多いものだが、この本はまったく違うので驚いた。すべてが極めて具体的である。全体がシミュレーションの形になっている。まるで自分が外国人に対して「外国語としての日本語」を教えることを実践してみているような、そういう代理体験的な面白さや苦悩を味わわせてくれる。といって、上っ面を撫でているだけの入門書というのでは決してない。

この分野に十分の経験を積んだ著者の実体験をもとにして、その教授法の実際と言語理論的な解説との両面がちゃんと掘り下げられているところも見事である。手だれの著者の楽しい文章に乗せられてすらすら読んでしまう、するといつの間にか必要な情報が掌中《しょうちゅう》に収まっている、そういう本である。

そしてこれを一読したら、あとは実践に乗りだすことだ。うん、これなら自分にも出来るかも知れない、そう思わせてもくれる本だから。

HAYASHI

目次
CONTENTS

第二章 「いきなり先生」授業の実況中継

CONTENTS

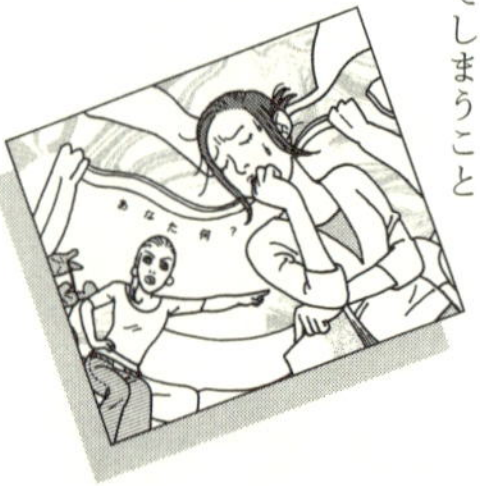

第三章 教え方の枠組み

第四章 扉の向こうへ

CONTENTS

まえがき

この本は、こんな人たちのために書き、こんな皆さんに役立つものです。

- 今は知識がないが、外国人に日本語を教えることに興味がある。
- 「日本語教育」を勉強したいが、身近にそういう講座がない。
- 勤め先で外国人といっしょに働くことになり、日本語を教える可能性がある。
- 留学や海外赴任をすることになり、現地で日本語を教えてほしい、と頼まれる可能性がある。

また、こんな人たちにも向いています。

- 今、高校生だが、英語や英会話の授業が好きで、将来は国際的な仕事につきたい。その選択肢の一つとして外国人に日本語を教えることを考えている。
- 会社勤めをしているが、退職後は仕事の経験を活かして、日本語を教えようかと思っている。ボランティアでも良いが、プロならもっと良い。
- 学校の教師をしているが、外国籍の生徒も増えてきたし、国際理解教育や異文化間教育にも興味があるので、日本語を教える方もやってみたい。

この本は、とにかく読みとおせば、初歩の日本語が教えられるようになることをめざしています。

この一冊だけで「日本語教師になれる」とは言いませんが、「日本語を教えることを試みる」くらいはできるようになります。そしてかなりのことが頭に入り、もっと先に進むための基礎づくりができていることは、約束します。

日本語を毎日使っている人、「自分の第一のことば」として日本語を使っている人（できれば生徒さんの知っている外国語でちょっとコミュニケーションできるくらいの人）であれば、日本語を教えることができます。

こんなことを書くと、「学校の授業では、外国人に日本語を教えるのは難しいと聞いた」とか、「実際にやっているボランティアの苦労も知らないで…」とか、文句をたくさん言われそうなことは百も承知です。それでも、このことは100％間違いというわけではありません。むしろここには、かなりの真実があります。

中学校の時、英語の授業で未来のことを示す「will」ということばと、「be going to」ということばがある、と習ったことは覚えているでしょう。しかし、その二つはどうやって使い分けるのか、となると、単純未来がどうしたとか、意志未来が何だとか、英文法のことばは覚えていても、その区別となると曖昧な方が少なくないはずです。

当然です。

本当のところは、それを教えてくれた学校の先生だって、相当に曖昧なのです。

でもたとえばアメリカやオーストラリアの人たち、つまり英語を第一のことばとして使っている大人であれば、きっとこの二つを上手に使い分けているはずです。「単純未来」ということばを知らなくても、使い分けられるはずです。

右の例と同じように、毎日使っている日本語であれば、微妙なことばの使い分けだって、無意識に、しかし正確にしていることでしょう。

たとえば、

●子供が病気だから、早退します

●子供が病気なので、早退します

「〜だから」と「〜なので」、どちらも理由を示す言い方ですね。

この二つって、何が違うのでしょうか。

今すぐは答えられないにしても、じっくり時間をかけて自分の頭で考えてみれば、何か答えのようなものが、出てくるのではないでしょうか。外国語の勉強とも国語の勉強とも違う、「外国語としての日本語」の勉強の面白さは、そこにあります。

すぐにはいろいろ答えられないけれど、確かに頭の中にある膨大な日本語の知識。

それこそが、外国人に日本語を教えるための、最も役に立つ財産です。

三十年ほど前、外国語としての日本語を教える、いわゆる「日本語教育」というのは、ごく小さな世界でした。しかし今では日本有数の学会員数を誇る「日本語教育学会」や、その関連学会があり、専門誌があり、教科書も数多く出版されています。

でもこの業界は、「間口は広そうだけど敷居は高い」ところでもあります。「間口の広さ」というのは、「日本人だし、ことばが好きだし、外国にも興味があるから、日本語を教えるのって何となくやれそう」という考え方です。この「何となく」って、僕はなかなか良いと思います。

ところがその「何となく」を習おうとすると、何十万円もお金を払ったり、それでも足りなくてまた何十万も払って（「払って」ですよ、本当に）海外へ「研修」に行ったりしなければなりません。しかもそれだけの投資をしても、普通に食べていける仕事がなかなか見つからない、これが「敷居の高さ」という実状です。

もちろん何の仕事であれ、プロとしてお金をもらうつもりなら、ある程度の修行や苦労は必要です。けれど、たとえばプロの料理人と家庭の主婦がどちらも心をこめて日々の料理を手がけるように、アマチュアであっても、あなたの周りの外国人に心をこめて日本語を教えてみることは、立派なことです。

プロの日本語の先生は、分かりやすく、流れるように日本語を教えられます。一方、アマチュアの教え手は、プロほど分かりやすく教えられないでしょう。教え方だって、プロと比べれば、ぎこちないかもしれません。

それだったら、**日本語をいわば「贈り物」として渡せばいいのです。**

せっかく贈り物をするのですから、ただ手近のものを手に取って渡すだけでは相手も喜ばないでしょう。手作りのものでいいから、ちょっとだけ工夫をすれば、ずいぶん引き立つはずです。

外国人に日本語を教えるための知識の目安となる、いちおうの「資格」としては、今のところ「日本語教育能力検定試験」、略して「検定」という名称の試験があります。でも、ただ教えるだけであれば、来週からだって始められます。お金を取らないで教える分には、資格も経験も学歴も心配しなくていいのです。**「贈り物をする資格」なら誰にだってあるのです。**

プロをめざすのは、別にそれからでも遅くはありません。実際、「検定」を受験しないままで教えている立派な先生だって、たくさんいらっしゃいます。

そんなことを踏まえて、この本は三つの点で、敷居をうんと低くしました。

第一に、事前の学習や経験がなくても読めるように、入門的な事柄から専門的な事項まで、内容をわかりやすく記述しました。

がんばって読み通せば、日本語を教えることの、いわば「全体図」がわかるようになっています。また必要な場合には、専門的なことばをページ端に示しています（もっとも、それらを知らなくたって日本語は教えられます。町の英会話学校で教えている外国人の先生だってたとえば〝proactive interference〟〈順行干渉〉なんてご存じないでしょう）。

第二に、すぐに実践できる内容や具体例をたくさん盛りこみました。

この本に出てくる人物は、みんな何らかの形で授業につまづきます。でも実はこれ、ほとんどすべてが僕の経験に関わるものです。

だから言うのではありませんが、教え方を間違うことがあっても良いのです。人は誰でも間違うものですし、また間違うことによってしか、学べないものです。間違いを恐れて何もしないより、間違えた時に対処したり、もっといい教え方を考えたりする方が、ずっと大切です。

第三に、なるべくお金をかけずに日本語を教えられるようになる方法を考えました。

これは、先に述べたような何十万円もの出費なしで（あるいはプロをめざすにしても、それは後回しにして）教えることを実践してほしいからです。また補助教材などは、買うことに加えて自作してみることも勉強になるし、個々の生徒さんに合致したものになる場合があります。

なお日本語の教え方にはいろいろありますが、この本では**成人に対する個人指導、つまり一対一か、せいぜい一対二で教える場合**を想定しました。複数の人たちにクラスで教える方法や子供たちに日本語を教える方法、あるいは「検定」の傾向や対策などを知りたい方は、優れた本がたくさんありますので、そちらを参照してください。

今、僕は大学で留学生に日本語と言語学を教える仕事をしており、これまでに国内外で数百名にのぼる外国の人たちに、日本語を教えてきました。その中には学生だけでなく、生物学者や会計士、某有名ブランド店の副店長、ジャズクラブのマネージャー、そして外国人の日本語教師など、実にさまざまな人たちがいます。世界で日本語を学んでいる人たちは133カ国・地域に300万人近くもおり、その数はまだまだ増加する、と言われています。優秀な教え手のニーズがたくさんあることは、確かなのです。

この小さな本が皆さんに「外国語としての日本語」を教える世界の入口になり、この世界のことを少しでもわかりやすく伝えられたら、とても嬉しいことです。

この本を読んで、日本語ということばを、外国の人にプレゼントしてみませんか。

その人たちが望んでいる「役に立つ日本語」を、心をこめて、ちょっときれいな包装で、贈ってみませんか。

第一章

「いきなり先生」二日間の授業準備

一、日本語は難しいか易しいか

日本語を話す外国の人が、増えましたね。

僕が子供の頃は有名な人はイーデス・ハンソンさんくらいでしたが、ケント・ギルバートさんが登場したあたりから、テレビでそういう人たちを多く見かけるようになりました。デイブ・スペクターさんに至っては、毎日のようにワイドショーに出演して、日本語で冗談を連発しています。

メディアに出ている出ていないに関係なく、日本ではもう外国人の存在は珍しいものではなくなりました。今、都市部で外国人に露骨な好奇の目を向けるのは、子供ぐらいではないでしょうか。

外国語で冗談を言い、それでその外国語のネイティブ・スピーカーを笑わせられれば上級の話し手ですから、デイブ・スペクターさんの日本語力はたいへんなものです。

もちろん、日本語が上手な外国人はテレビタレントに限ったことではありません。

たとえば、外国人力士の日本語はどうでしょうか。

「いや、もうとにかく前出るだけっす」

などと、お約束のフレーズをボソボソ言う外国籍力士の日本語を聞いていると、髷《まげ》や体の大きさも手伝って、「外国人を見る」という意識すらなくなるほどです。

このように日本語を話す外国の人が増えている一方、日本人の外国語学習熱（主に英会話ですね）

といえば、これは昔から変わりません。もう何十年も前から、この国では「画期的・革命的」な新しい英会話教材や学習法が宣伝されては消え、消えてはまた似たようなものが現れています。あるはずだ、と言われながらも学会では発表されず、はっきりした証明もされない「英会話マスターのための決定版教材・革命的学習法」は、UFOの報道記事にも似ています。夕刊スポーツ紙の一面に載る日は近いと言えましょう。

たとえば、

●やっぱり英語は早期教育に限ります（これは偉い先生の「注意深い」コメント）

●自然に英語が口から出てきた！（ちょっと不気味な気が…）

●英語で考えなさい（あの、アイシンク、ええと…）

こういう宣伝文句の真偽を知る方法があります。

それは「これがもし、日本語を学びたい外国人のための宣伝だったらどうだろうか」と考えることです。

たとえば日本語をマスターするためには、本当に子供の時から始めないと遅いのでしょうか。僕が教えている、ざっと20カ国からの留学生たちは、みな流暢に日本語でコミュニケーションしていますが、子供の時に「早期日本語会話教育」を受けた人は、一人もいません。

あるいはテレビに出てくる外国の人たちは、本当に「日本語で考えて」いるのでしょうか。本当はものごとを「考えること・認知すること」の仕組みだって、まだ明らかになっていないのです。

さらに、聞きさえすれば日本語が自然に口から出てくるような、外国人のためのCD教材なんて考えられるでしょうか。

こう書くと、中には「でも日本語は特殊なことばだし、難しいから特別だよ」と、考える方がいるかもしれません。

そこでクラスの留学生たちに、初対面の日本人に日本語で話しかけたとき、どんな反応が多く返ってくるか、訊ねてみたことがあります。すると、いちばん多い答えは、

●日本語じょうずですね

ですが、その後にはたいてい、

●でも日本語は難しいでしょう

と言われる、とのことです。

この二つの反応には、日本人が外国人と向かい合う時の、なかなか普通に接することが出来ない気持ち、つまり外国人が話す日本語への賞賛と、日本語を難しがる優越感との同居が、よく現れています。

もちろん、外国人にとって日本語は学びやすく、親しみやすい言語であるとは言えません。アメリカ国務省附設のＦＳＩ（Foreign Service Institute）という機関では、日本語をアラビア語、朝鮮（韓国）語、中国語と共に「一定レベルに達するまで最も学習時間がかかる言語」としています。とくに漢字・かなを混ぜた書き方と、上下やウチソトの関係でことばを決める、いわゆる敬語の使い方は、たいへん学びにくいものです。

けれど、日本語には、易しいところもたくさんあります。

たとえばアルファベットにはｐならピー、という、一字ずつの読み方があります。でも、たとえばpenは「ピーイーエヌ」ではなくて「ペン」ですね。しかし日本語だったら、かなで書いてある限り、少しの例外はあっても、「たちよみだめよ」は「たちよみだめよ」という読み方です。また韓国の人たちであれば、文を作ることばの順番が良く似ていますから、日本語は最も学びやすい言語のひとつです。

また動詞の変化を考えてみて下さい。フランス語やイタリア語を勉強して、その動詞の変化に呆然としたことはありませんか（何しろ活用表が小冊子になっているのです）。あの活用と比べれば、日本語の動詞活用は、ずっと単純です。それに母音もアイウエオの五個しかありませんから、特に話しことばの面では、日本語には学習しやすい部分が、かなり多くあります。

●たくさんの外国人が、日本語を学んだり、話したりしていること

●日本人が、英会話を初めとする外国語の学習に熱心なこと

どちらも「知らないところのことばを覚えよう」という点では同じです。

自分の住む場所で違う国の人たちを多く見かけるようになったり、その人たちとことばのやりとりをすることが多くなったりすることを、とりあえず「国際化」と呼ぶのなら、外国人の日本語学習熱も日本人の英会話ブームも、同じ国際化の表と裏、いわば鏡の関係です。

鎖国をしているわけでもない21世紀の現在、この現象がいきなり止むことはないでしょう。日本語を学ぶ外国人の数は、まだまだ増えていくはずです。

【解説】

日本語を勉強する外国人の数は政令指定都市三つ分

世界では今、いったい何人の人が、外国語として日本語を勉強しているのだろうか。

外務省所管の独立行政法人に、国際交流基金という機関がある。日本文化を海外に紹介したり、文化人の招聘をしたりする機関、と言えば、あれか、と思い当たる人も多いかもしれない。

この組織は海外の日本語教育支援を事業の柱にしているが、海外の日本語教育に関してもさまざまに調査を行っている。2006年の発表では、国内を除く全世界ではざっと298万人の「学習者」が日本語を学んでいる、とのことだ。クラスで教師から直接習うのではなく、テレビやラジオで独学している学習者の数を入れれば、もっと多くなるはずだ。

この調査は世界中の日本語学校や大学に手紙を送って調べたものだが、全部の機関が答えたわけではないから、大ざっぱな数字と捉えた方が良い。しかし英語は別格としても、フランス語とかドイツ語とか、何かメジャー感のあることば、すなわち「大言語」と比べても、日本語がかなり学習されていることは間違いない。298万人といえば「区」を持つ政令指定都市三つ分、または香川県・高知県・徳島県の全人口を足したほどの数より多い。昨今、話題になっている「30人学級」で考えれば、世界の日本語教室の数は、10万クラス以上にもなる。この調査はとても興味深いもので、どの国や地域でどのくらいの人が学び、いくつの教育機関があるのか、教師は何人いるのかまで、詳しく載っている。興味があれば、国際交流基金日本語国際センターのウェブサイトにアクセスすると良い。

なお、外国籍力士の日本語力については、早稲田大学の宮崎里司さんが書いた『外国人力士はなぜ日本語がうまいのか』（日本語学研究所）に詳しい。この本にある「元気が出る学習法」には、外国語を勉強する日本人にも有益なヒントが少なくない。

二、経験もないのに教えることになった三人のきっかけは

さて、日本語を学ぶ外国の人が国内外にたくさんおり、これからも増えていくということは、これからあげる三つのケースのようなことが、あなたにも突然、降りかかってくるかもしれません。

【ケース１ 平野さん（主婦）の場合】

金曜日の午後、近所のスーパーで買い物をしていたら、外国人の女性にコーンフレークの売場を英語で聞かれた。「ＮＨＫラジオ英会話」も聞いていることだし、ほんの親切心でそこまで連れていってあげたら、たいへん感謝している様子。英語で聞き取れたことは、ほんの五日前、カナダから夫の赴任にともなって来日したこと、そして偶然にも、家が同じマンションだということ。

ぜひとも日本語を教えて欲しい、英語だったらいつでも教えてあげるから、と半ば泣きつかれて頼まれ、経験もないのについＯＫしてしまった。

週明け、月曜日の十時半には、そのサマーズさんという人が家に来る…。

平野さん

【ケース2 今井さん（会社員）の場合】

中堅事務機メーカーの技術畑と営業畑を歩いて35年。役員として定年を迎え、そのまま嘱託として会社に残った。

ある金曜日、退社時間になって席を立ちかけたとき、先に退職した元の同僚から電話。何でも「シルバーボランティア」で外国人に日本語を教えており、来週の月曜日が初めての授業だが、体調が悪いので、ほんの一コマ、一時間半だけ代わりに教えてくれ、中身はすべて任せる、との依頼。語学はまるで苦手だし、そんな経験もないので、といったんは断ったが、持ち前の義理堅さからついつい引き受けてしまった。

生徒さんはトルコ人とインドネシア人の男性二人らしいのだが、ちょっと待ってくれ、月曜日といえばしあさって、準備は週末の土・日しかない……。

今井さん

【ケース3　河田さん（大学生）の場合】

待ちに待った夏の語学留学、部屋で荷物を解いてほっと一息。

初めてのオーストラリアで緊張と不安、でも町もキャンパスもとってもきれいだし、授業も楽しそう。

　ところが金曜日の夕方、パーティに行ったら、そこで紹介された女の子が、近いうちに日本に行くのでぜひとも日本語を習っておきたい、お金なら払うからぜひ、教科書はもう買ってある、と頼みこんできた。

　即座にノーとは言えず、スマイルで引き受けてしまい、後になって、コレが私の英語の弱点なんだ、と悟ったけれどもう遅い。月曜日のお昼にはもう最初のレッスンだけど、どうしよう、日本語なんて教えたことないし…。

河田さん

【解説】

日本語を勉強する人たちにはどんな人がいるのか

日本語を習いたいと考える外国の人たちの背景は、実にさまざまだ。まとめようがないので、日本語教育の世界では「学習者・学習動機の多様化」ということばでそれを表現している。

彼ら・彼女たちが日本語を学ぶ動機やニーズには、いったいどんなものがあるのだろうか。

たとえば外国人の**ビジネスマンや外交官**が日本で働くことになった場合、「仕事のための日本語」が必要になる。この分野は特に「ビジネス日本語」と呼ばれ、専門の教科書もいくつか出版されている。

また、この人たちと共に来日する**家族**にも、生活のために最低限の日本語が必要になる。前節のケース1で、主婦の平野さんが教えることになったカナダ人の女性などはこの例だ。滞在期間は所属先が決めるが、数カ月から数年におよぶ。

一方、**日本に定住する外国人**も少なくない。

日本人と結婚して住む場合や、仕事の関係で定住を決める場合など、動機は多様だが、十年単位でこの国で生活していく以上、日本語は絶対に欠かせない。とりわけ、**その子供たち**に対する日本語の指導方法や、それを教える先生の養成は、国としての課題である。

また最近は、日本のサブカルチャーに興味を持って、日本語を始める**若い学習者**も増えている。特にアニメーションの人気は絶大で、アジアにとどまらず、世界中で日本のアニメやコミックが日本に興味を持ったり、日本語の学習を始めたりする契機になっている。不勉強な話だが、僕は『らんま1/2』というコミックを知らず、ベネチアから来た留学生から、それがいかに面白いか、熱心なレクチャーを受けたことがある。

あるいは**短期の旅行者**で、最低限の日本語を知っておきたい、という人もいるだろう。前節で女子大生の河田さんが教えることになった人は、このケースに該当する。

そして数の上で多いのが、**研修生**や**就学生**といわれる人たちだ。研修生とは外国の技術者や経営管理者で日本の企業や諸団体で研修を受ける人、そして就学生とは専修学校や各種学校、またはそれに準じる教育機関（いわゆる日本語学校）で教育を受ける資格で在留する人をさす。

もちろん、「日本研究」の名の下に学問として日本語を勉強する人たち、つまり**研究者や留学生**も、まだまだ多い。従来の人文学・社会科学の研究に加え、最近では理工系の領域を専門にして日本に来る留学生も着実に増えている。

このように学習者の背景が多様化している以上、教師の側も多様化を迫られる。

プロとして日本語を教えたい人には「日本語教師養成講座」というものがある。広告や案内を見た人も少なくないと思う。通学や通信教育など機関によって種類は異なるが、その多くは行政側が設定した枠内で、専門科目を学ぶ。きちんと学ぼうと思ったら400時間以上はかかる。しかし、前節の三人のように、急に日本語を教えてほしい、と頼まれた場合、「じゃあちょっと400時間ほど待って欲しい」とは言えない。

こんな切羽つまった状況で、急場しのぎでかまわないから、とにかく一回目の授業を切り抜けるには、どうすればいいのだろうか。

三、**教える準備　～100円ショップで教材調達～**

前節の三人は、たまたま同じ金曜日に依頼を受け、週明けの月曜日が授業開始です。準備期間は週末の二日間しかありません。

三人とも、どうやら教える場所は確保したようです。

●主婦の平野さんは自宅マンションのダイニングルームで

●会社員の今井さんは公民館の一室で

●留学中の河田さんは寮の部屋で

それぞれ教えることになりました。

でもいったい、**「日本語」といっても、何を、どうやって、教えればいいのでしょうか。**プロで教えるわけではありませんからお金は取れないし、準備にだって何万円もかけるわけにはいきません。

編み物を教えるなら、毛糸と編み棒が必要です。

写真を教えるなら、カメラとフィルムがまず必要でしょう。

しかし、**外国人に日本語を教えるには、いったい何が必要なのでしょうか。**

翌日の午前中、主婦の平野さんはまず100円ショップに出向いて、これは役立つかも、というものをいくつか買ってきました。教材と呼ぶのか道具というのか、名前はよく分かりませんが、とにかく教

えるときに何か支えになるものが欲しかったのです。

【図1】は、平野さんが100円ショップで買ってきたものと、買った彼女のひとりごとです。

このリストを見て、教えるのに役立ちそうなものには○を、当面は役立ちそうにないものには×をつけてみて下さい。また、そう考えた理由は何でしょうか。そして、この他に買っておくと良いものがあれば、それも考えてみましょう。

（　）ポケット国語辞典二冊　→　「一冊は自分用、一冊はプレゼントに…」

（　）MDディスク一枚　→　「自分の声やテープをコピーしてあげよう…」

（　）ホワイトボード　→　「うちには黒板がないから説明のときに…」

（　）水性ペン　→　「チョークの代わりに…」

（　）2Bの鉛筆　→　「うちの子が小学校で『書き方』ってやってるから…」

（　）原稿用紙　→　「確か国語の時間で使ったから…」

【図1】

【解説】

教えるのに要るもの、要らないもの

平野さんの買い物について、僕の見解を述べてみたい。

○はホワイトボードと水性ペンだけ、あとは全部×か、せいぜい△になる。

「日本語を教える」ということは、とりもなおさず、日本語の「音」を教えることである。しかしそうは言っても、さまざまな説明をするうえで、やはり書くものだけは必要になる。だから、ホワイトボードとペンだけは必要だ。学習者の中には説明を紙に書いてもらい、それを持ち帰りたがる人もいる。そういう場合にはペンとコピー用紙、あるいは普通のノートがあれば良い。これらは安く買えるし、もちろん自宅のもので代用できる。

国語辞典は明らかに×だ。「あいうえお」もわからない学習者には、将来はともかく今は使えない。それに国語辞典は「国語」という名前が示す通り、日本語を使っている日本人を対象に編集されている。だから「外国のことば」として日本語を勉強する外国人には使いやすいものではない。

MDディスクは、二つの理由で×になる。

一つは、レディネス※の問題である。当の学習者がMDプレイヤーを持っているかどうかは、今の時点ではわ

※**レディネス**……個々の学習者のさまざまな背景情報のこと。音声を聞く機械を持っているかどうかの他に、日常使うことば、使える外国語、過去の外国語の学習歴、学習法など多岐にわたる。

からない。学習者にはそれぞれの背景や環境があり、買い物よりも、まずそれを知るべきだ。

また、もし市販教材のテープをダビングするなら、それは著作権の侵害になる。個人レッスンくらいなら、と思う気持ちは禁物だ。もし学習者に教材テープやCDを使ってもらうつもりなら、それは買ってもらうのが筋だし、身銭を切って買ったものなら熱心に聞くことも期待できる。

鉛筆も購入は不要。

学習者だって筆記用具くらいは持っているだろうし、また意外かもしれないが、「日本語の文字を習いたいのかどうか」も、今の段階では分からない。もし学習者が漢字やかなを習うのは不要だ、と判断したら、文字の学習を押しつける必要はない。

さらに、原稿用紙も不要。

小学校や中学校で原稿用紙の書き方を習った人は多いと思うが、コンピューターや携帯による電子メールが普及した現在、普通の日本人が原稿用紙に字を書く機会は激減した。この状況下で、初歩の日本語教育に原稿用紙が役立つことはない。僕も授業では電子メールの書き方こそ教えるものの、原稿用紙の使い方は教えていない。

結局、平野さんの買い物のうち、役立ちそうなものはホワイトボードと水性ペンだけだ。けれど初めて日本語を教える時に、これだけでは心もとない。他に授業の準備として買っておくものとしては、何があるだろうか。

例としては、

●なるべく厚手の画用紙（可能であれば色つき）を2束くらい
●色画用紙がない場合は色つきマーカーのセット
●中字の黒ペン
●ハサミとのり
●小型の世界地図

などが挙げられる。

四、教科書の選び方

同じ頃、会社員の今井さんは、教科書探しのために近所の書店を歩き回っていました。都市部の大きな書店では、外国人のための日本語の教科書が普通に売られています。国語の参考書が置いてある書棚ではなく、英会話など外国語学習のコーナーか洋書売り場に置いてある場合が多いようです。

プロの先生であれば、この学習者にはこんな教科書、という見きわめがつきますが、初めて教科書を選ぶ時は、まるで見当がつかないものです。

今井さんは並べられた教科書の背表紙をじっと見ているうちに、あることに気がつきました。それは、日本語の教科書には**「表題や中身がアルファベットで書いてあるもの」「日本語の題名で、中身もほとんど日本語で書いてあるもの」**がある、ということです。その他のものもありますが、大別するとこの二つになるようです。

英語が苦手な今井さんは、洋書のように見える英語ばかりの教科書は、とうてい手に取る気になりません。

そこでとりあえず、タイトルが日本語で書いてある、B５判の一冊を手にしました。この本は書棚で大きなスペースを取っていましたし、中に英語があまり書いていなかったので、なじみやすく思えたのです。

書店には、この本のテープや問題集も別売でありましたが、今井さんはまず教科書だけを買ってみることにしました。どんなものであれ、教科書であれば、何を教えればいいのかが書いてあるはずですし、課の順番でやっていけば格好はつくはずです。つまり今井さんはこの教科書で生徒さんに日本語を教えながら、自分でも「教える方法」を勉強しようと思ったのです。

一方、書店にやってきた平野さんは、偶然にも日本語の教科書を手にした今井さんがレジに向かう姿を見かけました。そして、プロらしいネクタイ姿（すごい誤解）の男性がそれを購入するのに勇気づけられ、同じ本を買って書店を出ました。

【解説】

教科書に書かれていること

今井さんが見つけた教科書の二パターンは、大ざっぱに言えば、日本語の教え方が大きく二つに分かれることを示す。

日本語以外の外国語で表記されている教科書を使う場合、学習者が既に知っていることばを使って日本語を教える。場合によっては、かなや漢字は教えない。

逆に、ほとんど日本語だけが書いてある教科書を使う場合は、日本語だけを使って日本語を教える。

後者については、驚く人が少なくないかもしれないが、教え方については後に詳しく述べるとして、ここでは教科書についてもう少し触れる。

英語や英会話の学習者と比べると、日本語の学習者はまだ少ない。つまり、市場としての日本語教育は、さほど大きいものではない。ということは、書店で多く扱われ、よく売れているものには、それなりの理由がある。初級レベルの人を教えるための定番の教科書には、たとえば次のようなものがある。

- **みんなの日本語　初級Ⅰ、Ⅱ（スリーエーネットワーク・2625円）**

  ↓基本的な日本語の「文型」と単語を積み上げて実践的な日本語のコミュニケーション能力を養成するべストセラー。中国語版、英語版など各国語別の対応版も充実している。

- **Japanese for Busy People I（講談社インターナショナル・3045円）**

  ↓英語を理解する学習者で、あまり学習に時間が割けない人に役立つ。コンパクトながら初級の内容を過不足なく押さえている。

●**新文化初級日本語Ⅰ（文化外国語専門学校・2100円）**

→学生を初めとする若い世代のための定番。聞く・話すといった口頭でのコミュニケーション能力養成を主眼としている。副教材も豊富。

●**日本でくらす人の日本語Ⅰ（にほんごの会企業組合・2300円）**

→日本で生活する外国の人たちがどんな面で苦労するのか、という調査に基づいて作られたもので、場面や単語はその苦労を軽減するために選択されている。新たな定番の一冊。

これらの書籍を最も多く扱っている書店として「凡人社」がある。

同社は日本語教育の専門出版社であり、販売所は東京の麹町にある。本の出版・販売だけでなく、店内の情報ボードでさまざまなイベントの紹介を行っている。ホームページの充実も見逃せない。

さて、何を習うにせよ、教科書であれば、教えるべき事が教える順番で書かれている。初めて日本語を教えるのであれば、教科書に沿って教える順や具体的な教え方を考えていくのが普通だ。

これらは「カリキュラム」※と総称されているが、これは正しい使い方ではない。英会話学校でも、たとえば「日本人のニーズを汲み上げたカリキュラム」などといった宣伝コピーが見られるが、これは「シラバス」※も含んだ意味で用いられている。

日本語では「シラバス」に先んじて「カリキュラム」という単語が入ったため、小中学校を含む多くの教育機関で、カリキュラムが、シラバスの意も含んで用いられるようになったのだろう。いずれにせよ、もし日本語を教えることになったら、「何を」「いつ」「どうやって」教えるのかを、考えなければいけない。そしてその前には、学習者がどんな背景を持っているのかを、知っておかなければならない。

※シラバスとカリキュラム……シラバスとは学習項目の一覧、つまり「何を教えるか」に関わることで、カリキュラムとはシラバスの教授時期や教授方法、つまり「いつ、どう教えるか」に関わること。食事で言えば前者が実際に口にする食品や食材、後者はそれらの食べ方、食べ頃といったこと。

五、相手が知りたいことを教える

帰宅した今井さんは玄関脇の和室にこもって、さっそく買ってきた教科書を開いてみました。

最初のページには「登場人物」がイラストで出ています。

次のページには、横書きにしたひらがなとカタカナの50音図があります。そして「かなと拍」と書いてあります。

かなはともかく、「拍」とはいったい何でしょう。拍手なら分かりますが、「拍」の一文字では何のことだか分かりません。

分からないことはあとで勉強することにして先に進むと、次は「長音」とか「撥音」といった音の種類と、あいさつや数字が書いてあります。「長音」はたぶんアーとかエーとか伸ばす音のことでしょうが、「撥音」と聞いてもなぜか麻雀を思い出すだけで、これも何のことだか分かりません。

その次のページをめくると、ようやく「第1課」がありました。

左ページには「文型と例文」が、そして右ページには「会話」がイラスト付きで、書いてあります。

第1課には、次のような文が出てきました。

● 挨拶
● 「〜は〜です」という文
● その疑問文や否定文
● 「どなたですか」という文

じゃあ、あさっては第1課っていうのからやるか、と思った今井さんは、何かメモでも取るか、と考えて、ふと気づきました。月曜日にくるトルコ人とインドネシア人の生徒さんは、「あいうえお」も読めない、と聞いています。

でも第1課はすべて、ひらがな・カタカナ・漢字で書いてあります。アルファベットで読み方がついているわけでもありません。

日本語の文字も知らない人に、日本語で書かれた教科書を、どうやって教えるというのでしょう。

当日より前に気づいたから良いものの、今井さんは早くも難題にぶつかってしまいました。あれこれと考えましたが、どうにも答えが見つかりません。

座椅子から立ち上がって伸びをした今井さんは、

（自分の事情じゃなくて、この二人の人は何を習いたいんだろう。）

と、考えを変えてみました。

今井さんは長く営業マンだったので、「作ったものを売る」のがセールス、「売れるものを作る」のがマーケティング、という知識があります。これを日本語を教えることに当てはめて、マーケティング側の考え、つまり**「こちらが知っていることを教える」**ではなく、**「相手が知りたいことを教える」**でやってみよう、と考えを切り替えたわけです。

電話で聞いてみようか、と携帯に手を伸ばしかけた今井さんですが、相手は日本語ができないことに気づき、それはあきらめました。そこで、簡単な英語ならわかるだろう、と生徒さんの滞在先である寮とホテルに、ファクシミリを送ることにしました。

英和と和英の辞書をめくりながら英作文をして質問を考え、自宅のパソコンで打っていると時間がどんどん経っていきます。遠回りのような気もしますが、他に方法はありません。

土曜日の夜八時、今井さんはようやく一枚のファクシミリをそれぞれの生徒さんに送りました。もし今日中に返事が来れば、日曜日の一日を準備に充てることができます。

【解説】

「拍」と「音」と「レディネス分析」

右の「拍、音、レディネス分析」について解説する。

拍とは、日本語を※第一言語として習得している日本人が「一つの音」と考えている単位のことだ。

日本語では、だいたいひらがな・カタカナの一文字が一拍に相当する。

「木（き）」は一つの音で一拍。「水」は二つの音で、二拍。ここまでは易しい。

では「菊」は二拍だが、似た音で「客」はどうなるか。これは「きゃ＋く」で二拍。

また「来て」と「切手」はどうなるか。「来て」は二拍だが、「切手」は三拍。小さい「っ」で表記される部分は、一拍に相当する。これは「促音（つまる音）」と呼ばれる。

拍の数など、誰にでもわかりそうなものだ。しかし世界中それぞれの国の人が、同じ構造の耳を持ちながら、「一つの音」と意識する感覚は違っている。清涼飲料のSpriteを、日本人は「スプライト」と五拍で感じるが、英語ではこれは一つの音のまとまりになる。

だから、一、二回聞いただけでは、

- **三拍の「主人（しゅ・じ・ん）」と四拍の「囚人（しゅ・う・じ・ん）」**
- **四拍の「病院（びょ・う・い・ん）」と五拍の「美容院（び・よ・う・い・ん）」**

などは、学習者にとってかなり区別が難しい。

また「撥音」は「ん」で表記される鼻音、「拗音」は「きゃ」「じょ」のように後に小さい「ゃ・ゅ・ょ」をつけて、二字で表記する音である。先に述べた促音の「っ」同様、撥音の「ん」、拗音の「きゃ」などはいずれも一拍に相当する。

第一言語を習得中の子供は、拍感覚に意外と敏感である。子供の頃、ジャンケンで勝った分だけ歩幅を飛ぶ遊びをした人は少なくないと思う。パーで勝つと「パ・イ・ナ・ッ・プ・ル!」と言いながら相手より六歩、つまり六拍だけ先に進める。しかしチョキで勝って「チ・ヨ・コ・レ・イ・ト!」と六歩を飛ぶと音声学的には正しくない。

また初めて日本語を教える前には、アンケート用紙のような質問票を作成して、学習者のさまざまな事情を把握しておくことが役に立つ。このような調査は「レディネス分析」と呼ばれる。分析に際しては、あまりプライベートな事項には立ち入れないものの、「資料1」にあるくらいは事前に知っておいたほうが良い。もちろん回答を理解するだけの語学力は必要になるが、するだけの価値はある。

それらの情報を得たら初めて、それに合わせた教え方を考えることになる。

もし教えた経験がないために教育上の信念や理論がなくても、それを取り立てて心配する必要はない。今の段階で心がけるべきことは**「学習者にとって何がベストかを考える」「それをする」**、この二つだけだ。事前の勉強やレディネス調査は、すべてそれをするための準備である。

＊第一言語……生まれてから最初に習得した言語。単一語の話し手の場合は、生涯使い続ける「母語」と同義だが、多言語が用いられる社会では、人が生涯で複数の言語を獲得することが普通なので、この概念を用いる。略してL1という。

- **日本語を何のために学習したいのか、または日本語を学んで何をしたいのか**

（英語）What is your purpose in studying Japanese?

（中国語）學習日文的目的為何？ 又或者籍由日文希望能夠做的事為何？

（ハングル）일본어를 무엇 때문에 학습하는가（이유）、또는 일본어를 배워서 무엇이 하고싶은가（목적）？

- **文字（かなと漢字）も学びたいのかどうか**

（英語）Do you want to learn the Japanese writing system?

（中国語）是否想學習日文中的假名及漢字等文字寫法？

（ハングル）문자（가나와 한자）학습을 희망하는가、희망하지 않는가？

- **自習を除いて、一週間に何時間くらい勉強したいのか**

（英語）How many times a week do you want to study Japanese（excluding your study at home）？

（中国語）除了自修時間外、您希望每週上課時數為幾小時？

（ハングル）자습을 제외하고 일주일간에 몇시간정도 공부하기를 희망하는가？

- **これまでに何か外国語を勉強したことがあるかどうか、もしあればそれは何語か**

（英語）Have you ever learned any foreign languages other than Japanese?
If yes, please specify.

（中国語）是否曽學習過任何一種外國語言？ 若有的話是何種語言？

（ハングル）지금까지 다른 외국어를 공부한 적이 있는가、만약에 있다면 그것은 어떤인어인가？

- **テープレコーダーなどの、音声を聞く機械を持っているかどうか**

（英語）Do you possess any audio equipment such as a tape-recorder or a CD player?

（中国語）是否有任何可供聽力練習的器材？（如録音機、ＣＤ…等）

（ハングル）카세트테이프등의 음성을 듣는（음성학습에 관련된）기계를 가지고 있는가？

【資料１】

六、日常生活に役立つ「サバイバル日本語」

100円ショップと書店に出かけた土曜日の夕方、平野さんは近所のスーパーで買い物をしていました。プロの先生ではないのだし、日本語を教えることばかりを考えているわけにはいきません。掃除や洗濯をしながらの即席修行です。

「はぁい、ひらのさぁん！」

名前を呼ばれて振り向くと、魚売り場の前にサマーズさんが立っていました。隣に立つ大柄な金髪の男性は、きっとご主人でしょう。あさってには自分が先生になるというのに、平野さんは曖昧に笑いながら、その場を逃げ出したい衝動にかられました。

しかし、それを抑えたのは、会釈をしたご主人の口から出たことばでした。

「初めまして、ジョージ・サマーズです。いつもお世話になっております」

（えっ！）

まだお世話した覚えはありませんが、

「日本語、すこしできます」

くらいの答えを想像していた平野さんは、心の中でびっくりしました。ジョージさんの日本語は、目をつぶって聞いていたら、日本人とまるで区別がつきません。

平野さんは安心と緊張がごちゃごちゃになり、そしてやはり「あの一言」が出てしまいました。

「日本語、お上手なんですね」

ジョージさんはすこしはにかんで微笑み、

「いいえ、まだまだ勉強中です。カナダのブリティッシュ・コロンビア大学で6年間、日本語を勉強しました。それで今、赴任したわけなんです」

平野さんはもうジョージさんが外国人であることを意識せず、続けて訊ねました。

「あの、あさってから奥様に日本語を教えるんですけど、前にそういう経験がないもので、どうしたらいいか、ちょっと教えていただけますか」

ジョージさんは、平野さんのことばをちょっと通訳して傍らのサマーズさんに言い、それから向きなおって、答えました。

「家内がご迷惑をさしあげて済みません。彼女は日本語の学校に行きたいですが、ちょっと落ち着くために、毎日に役立つことばとか、挨拶とか、※サバイバルの日本語を教えてください。どうぞお願いします」

ことばの使い方こそこなれていないものの、「サバイバル」という英単語さえカタカナのように発音するジョージさんの日本語に、平野さんはすっかり感心しました。そしてとりあえず教科書を選んだことだけを伝えて、夫妻と別れました。

（日常に役立つ日本語、サバイバルの日本語…）

平野さんはそう心でくりかえしながら、自宅に戻りました。

翌日、日曜日の朝です。授業開始まで24時間を切りました。教科書が何とか決まり、第1課をすると決めた以上、あと考えることは「どうやって教えるのか」だけです。

平野さんは早朝からゴルフにでかけたご主人を見送り、洗濯を済ませてから、ダイニングテーブルに今まで買った教材と教科書を並べてみました。明日はここにサマーズさんが座り、自分が「授業」をするんだ、と思うと、ため息が出ます。

平野さんは、ため息を深呼吸に変えてイスに座り、教科書の第1課を開きました。そして、いつも

※サバイバルの日本語……正確な定義はないが、日本人と日本語で最低限のコミュニケーションを取るための日本語で、簡単な単語、決まった表現、易しい文型の組み合わせなどから成る。具体的にはあいさつ、依頼や感謝の表現、時数のことば、（数字、曜日や日付）、簡単な疑問文（例：～は英語で何ですか）などを含む。

家計のメモや献立を書いているノートも開いて、その横に置きました。

教え方といっても何をしたらいいか見当もつかないはずなのに、平野さんはペンを持ち、何かスラスラと書き始めています。

実は平野さんも、今井さんと同じように、日本語だけで書いてある教科書をどう教えたらいいか、考えあぐねていました。そこで、ご主人のジョージさんが言っていた「サバイバル」を自分なりに考え、せめて教科書の会話をローマ字式に読んで、簡単な会話がスムーズに言えるよう、第1課をローマ字に直して渡すことにしたのです。

日本語をローマ字で写すというのは奇妙なものですが、書いていると、何となく自分が学習者のような気分になってきます。そしてどう教えたらいいかというヒントが、ほんの少しだけ見えてくるような気がします。

【解説】

外から眺める日本語と日本文化

外国人に日本語を教える場合、その成否は結局のところ、教え手の心のあり方にかかっている。

「心のあり方」とは「国際化」「真心」といったキーワードの言い換えではない。この意味は日本語と日本文化に関して、自分が当たり前と思っていることを、恒常的に外の視線から眺め、考えることだ。

通常、物事は一般化・固定化しておいた方が分かりやすいし、それで日常は円滑に流れるから、普通はその方が面倒は少ない。

ところが日本語を教える場合、そういう前提や思いこみは頭の中で一度取り払ってしまう方が、しばしば良い教え手になれる。

たとえば外国人の話す日本語を、「ニホンゴ、スコシデキマス」のようにカタカナで表記することは、現代の日本語の約束事になっている。しかしこの表記は**「外国人といえば青い目の外人である」「外国人（時に「外人」）の日本語は変に聞こえる」「外国人の日本語はたどたどしくて下手だ」**といった困った偏見を肯定し、一般化・固定化しないと、出てくるものではないし、外国人の日本語教師に失礼でもある。

外国人の日本語の先生というと、また驚くかもしれない。日本語なんていう難しいものを、外国人が教えられるんだろうか、という驚きだろう。そしてたとえば金髪のアメリカ人、ジョン・スミス氏みたいな教員が、黒板にたどたどしく漢字とかを書いたりする姿が浮かんだりするのかもしれない。そして、そんな、「ヘロゥ、みなさぁん。」とか言いそうな、怪しい発音の外国人がちゃんと日本語を教えられるんだろうか、自分の方が教職免許もあるし、漢検3級だって取ったから上手に教えられるんじゃないだろうか、などと思うのかもしれない。

しかし外国語として日本語を捉える場合、当の日本人よりもネイティブ・スピーカーではない外国人の方が、しばしば日本語の使い方に敏感なことがある。

たとえば「ひとつ」というのは言うまでもなく、物事の数が一あることだ。けれどたとえば宴席で、その日いちばん偉い人が立ち、

——まぁ今日はひとつ大いに飲んで、食べて、語らって…

などと一席ぶつ場合、この「ひとつ」って何だろうか。第一、飲んで食べて語らったら、一つではなくて三つではないだろうか。

こういう問題には、外国人の日本語教師の方がより敏感だし、説明も上手にできる。僕もかつて日本語を教えたデンマーク人の方言研究者から、「暗い・黒い・暮れる」の関連を教えてもらったことがある。

僕たちが陥りがちなこの「固定化」は、日本の文化についても言える。

たとえばテレビをぼんやり見ている時、若手の男性アイドルが、来月から日劇で行う「ロミオとジュリエット」の宣伝をしていたとする。ファンであれば別だが、そうでなければ、フーンそうか、と思ってそれきりだろう。

でももし、これが外国人スターによる歌舞伎公演の宣伝だったら、どうだろうか。

演目は「勧進帳」、ブルース・ウィリスが弁慶、ディカプリオが義経、富樫はハリソン・フォード。見慣れないコントラストだから、これを見たら吹き出しそうになるかもしれない。笑っては失礼と考える人であっても、「ちょっと変だな」とは思うだろう。少なくとも、日本人アイドルのロミオを眺めるのと同じ気持ちではいられないだろう。

しかし、ハリウッドスターが歌舞伎を演じるのが変なのであれば、その日本人アイドルだって、黄色い肌と茶色い目でロミオをやるというのは、相当に変なはずだ。自他の間に「変」を感じさせる距離は同じであるはずだ。

そういう視点を獲得できれば、あなたには「心のありかた」として日本語を教える準備はできているはずだし、教え方をどうこう言う前に、才覚ありと言える。

さて平野さんは、自分で思いついて日本語の表記、つまり音の書き表し方をローマ字で行ったわけだが、現実の日本語教育でも、これに類したことは行われている。

日本語は漢字かな交じりという複雑な表記法であるため、僕たちは普通、表記なしでことばを学ぶということが想像しにくい。しかし表記なしで日本語を学びたい、という学習者も世界にはたくさんいる。こういう人たちに対してまずはひらがな、次いでカタカナ、と文字を教えていたら口頭での会話練習になかなか入れないことになる。ローマ字で日本語を書き表すのは、このニーズに応えた、優れた方法だ。

また、ローマ字表記を行うことで、日本語の構造が理解しやすくなる場合もある。

たとえば動詞「書く（kaku）」は「ます」が付いた形は「書きます（kakimasu）」になる。漢字かな交じりの表記では、「書く」の「く」が「きます」に変わる、と理解されるが、音が変化しない部分を語幹と考えると、kakまでが語幹（語根）であることがわかる。これなどは、ローマ字表記をすることで見えてくる部分だ。

もちろん、ローマ字表記は日本語の音をとらえやすくする一方、学習者が「手持ちの音」で日本語の音を代用してしまうことになって発音が上手にならない、という側面もある。しかし、初心者のカナダ人に対して個人指導をする平野さんがこれを思いついたことは、親切な措置といえるだろう。

七、日本語だけで教えることができるのか

日曜の朝、早起きした今井さんは、パジャマ姿のままメモを取っていました。会社から持ってきたコピーの裏紙に、やはり「教え方」の計画を立てています。

今井さんは長いこと営業のリーダーでした。ですから現役時代、ラフな営業計画を書く時は、左端に必ず上下の時間軸の線を引き、右には「方法」「人員」「コスト」などを書き入れていました。そこで今回もいつものように、白い紙に線を引き、時間軸のはじめに「授業前」、終わりには「まとめ」と書き、真ん中を大きく空けました。しかし慣れない英語で教えるのか、日本語で教えるのかについては、まだ解決の糸口が見えていません。

何しろ今井さんの英会話といったら、退職した年にグアムに行った時、おみやげ店でほんのカタコトをしゃべっただけです。今回、二人の生徒さんは簡単な英語なら分かるようです。となると、日本語の意味を説明する時も、英語を使って教えるのが当然のようです。

けれども今井さんは、最近、英会話学校に通い始めた昔の部下が、こんなことを話していたのを思い出しました。

（クラスの中は日本語禁止で、全部英語でやらなくちゃいけないんです。でも、その方が何かこう、「英語で考える」っていうか、やっぱり役立つんじゃないかと思います。）

確かに、

「はぁい皆さん、〃アイワナドゥーエ〃は、『それをやりたい』ですね」

などと、外国人の先生が日本語で英会話を教えている、という話は聞いたことがありません。第一、せっかく英会話を習いに来ているのに、先生が日本語ばかり話していたら何だか間抜けだし、生の英語を聞けない分だけ、損したような気にもなります。

とはいえ、英会話学校に行く日本人は、中学や高校で、ある程度英語の基礎をやってるからこそ、英語だけの説明もわかるのでしょう。しかし、今井さんの生徒さんは、日本語がまるで話せないようです。それなのに「日本語だけの授業」なんて、できるものでしょうか。

今井さんは再び、考えが止まってしまいました。

【解説】

何語で教えたらいいのか　～直接法と間接法～

外国人に日本語を教える場合、何語で教えたらいいのだろうか。

この問いかけは、それ自身が矛盾をはらんでいるように響く。

日本語を使って日本語を教える、と聞いても、まず浮かぶ疑問は「そもそも学習者は日本語を知らないからそれを習うのに、その知らないことばを使って、どうして教えられるのか」ということだろう。僕も初対面の人に仕事を聞かれて答えると、必ず、「じゃあ英語を使って教えるんですね」と言われる。

ところが、日本語だけを使って日本語を教える方法がある。

同様に英語だけを使って英語を教える方法も、マレーシア語だけを使ってマレーシア語を教える方法もある。

外国語の全体的な教え方のことは「教授法」と呼ぶが、このように、学習者が習っているそのことばだけを使って教える方法を**「直接法」**と呼ぶ。その反対に、一方、学習者が知っている言葉を使って教える方法は**「間接法」**あるいは「媒介語[※]法」と呼ぶ。

日本語教育では、直接法は、主に以下の場合に用いられる。まず**教え手が日本語以外に話せる外国語がない時。**この場合は選択の余地がない。次に**教え手が何か外国語ができても、それが学習者側と共有できる言語ではない時。**たとえば教え手の方は日本語と英語、学習者はタイ語とラオス語しかできない、といった場合。ま

※媒介語……外国語の授業中、ことばの意味や文法の説明をするときに使う、いわば「補助のことば」のこと。

た**学習者が複数で国籍や母語がバラバラで、共通してわかることばがない時。**たとえば学習者のうちAさん・Bさんは英語を理解するが、Cさんは英語が分からない場合、英語を使った説明ではCさんに不親切となる。

最後に、**教える側が学習者の使う言葉を知っていても、直接法をベストと考えて選択する時。**

日本国内で働きながら大学や専門学校へ入る前の勉強をしている学生のことを「就学生」と言うが、この人たちに教える場合などは、基本的には直接法が用いられるようだ。

一方、外国のどこかで教える場合には、学習者は特定のことばを話すグループになる。たとえばメキシコの高校で教えることになった場合、学習者である生徒たちはみなスペイン語を話すから、スペイン語を用いた間接法が普通になる。

しかし、海外なら常に間接法が向いているとも限らない。

たとえば欧米系の言語に習熟した日本人教師の中には、媒介語ばかり話して、学習者に日本語を使うチャンスを全然与えない人がいるらしい。特定地域の言語や文化を偏愛する人が、その地域で日本語を教える場合にこうなることが多い。日本語の教え手であるはずの彼ら・彼女たちにとっては、実は教えることがその地域への同化を果たすための、単なる手段になっている。

教授法についてはさらに後述するが、「直接法か／間接法か」という選択は、しばしば理念の問題として考える方が分かりやすい。というのは、多くの教授法は併用可能な概念であることが普通だが、「直接法か／間接法か」は、一方を選択する限り、他方の存在はありえない。

ここには直接法の信奉者たちの、ときに原理主義的とさえ言える信念が働いている。

たとえば多くの場合、間接法の実践者たちであっても、授業の一部を、媒介語を極力使わずに進めることには異存がない。というのは、外国語教育では、学習者があるレベルの運用力に達したら、多くの場合、その言語だけで授業ができるようになるからだ。そしてその場合でも、トータルな意味でそれは間接法であり続ける。

しかし直接法の信奉者は、授業内のごく数秒でも媒介語を用いることは許さない。というのはその瞬間、その授業は「もはや直接法ではない」からである。それは彼ら・彼女たちにとって、教授理念の崩れや敗北、ときに棄教さえも含意する。

自分が属する教場、つまり責任を課された現場で直接法を実践することは自由である。しかし海外の多くでは、異なる教授法が多様に選択されている。日本国内で直接法だけで教えてきた教員が海外派遣で教えることになった場合、その人は海の向こうに着いた時、理念の継続か、柔軟な転換か、いずれかを要求される。

結局、「直接法か間接法か」という選択は、どの山道を通って頂上に着くかという選択に見立てられる。それは「誰が学習するか」「どこで学習するか」という要素によって決まるものであり、優劣はつけられない。

どの教授法を採用するにしても、いちばん大切なことは、その欠点を知ったうえでうまく使いこなすことだ。これは目に見える見えないにかかわらず、道具の用い方の基本だろう。

八、小さな工夫　～文型のカード～

ではここで突然に日本語の教え手になった三人のうち、ただ一人の海外滞在者である、オーストラ

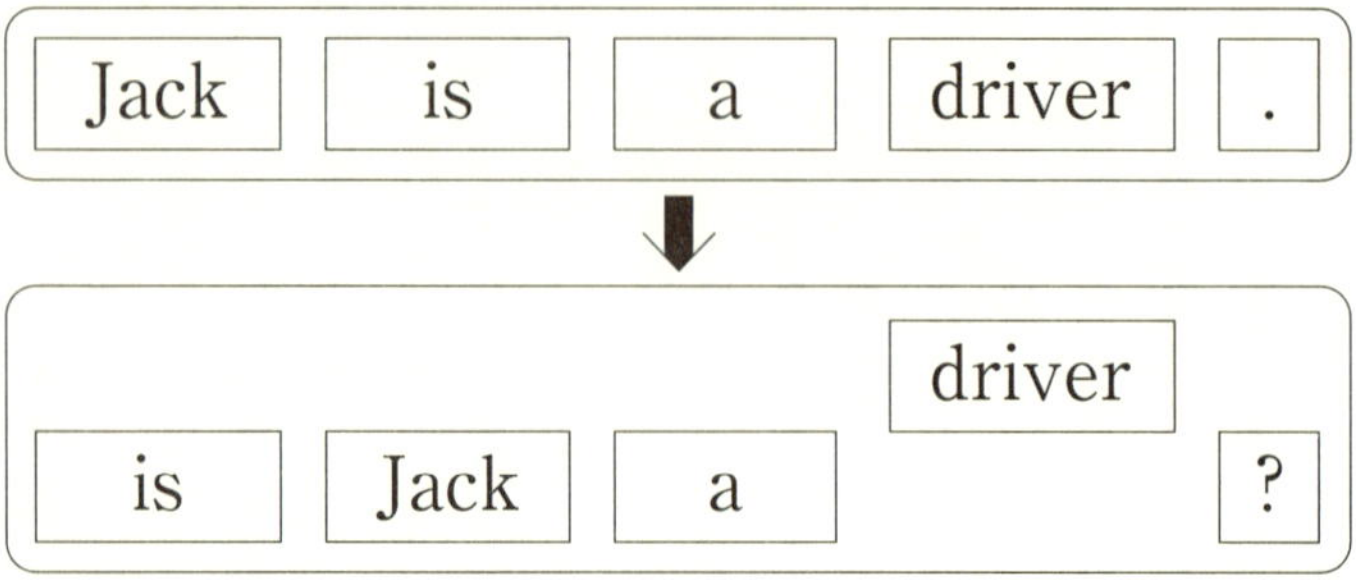

【図2】

リア留学中の河田さんの様子を見てみましょう。

河田さんの生徒さんが買った本は、文字がすべてアルファベットで書いてあるものでした。河田さんは語学留学で来ているので、授業の後でその教科書を持ち、英語の先生をオフィスに訪ねました。先生は帰り支度をしていましたが、河田さんが「外国語の教え方」について相談がある、と言うと、話を聞いてくれました。

河田さんが、日本語の初歩を教えるのだがどうしたらいいかわからない、と言うと、先生はうなずき、バイブル版のシステム手帳くらいの色画用紙を何枚か取り出して、河田さんに見せました。画用紙には、基本的な単語の「I」「is」「in」などが、それぞれ違う色で書かれています。

「これは基本的な文型を教えるときに役立つんだよ。ちょっといいかい」

先生は英語でそんな意味のことを言い、【図2】のようにカードを並べました。

「ジャックは運転手です。」の文です。「Jack」と「driver」、それからピリオドは黒で、「is」は赤で、そして「a」は緑で書いてあります。

「質問の文を教えるときには、この二枚をこう変えて…」

先生は英語でそう言いながら「Jack」「is」の語順を並べ替え、それからピリオドのカードを、クエスチョン・マークのカードに変えました。そして「driver」のカードだけをちょっと上に置きました。

「ジャックは運転手ですか。」の文になりました。おそらく「driver」の位置は、この単語を「ちょっと音を上げて読むこと」を示すのでしょう。

河田さんはすっかり感心し、同時に教え方のヒントをもらったようで嬉しくなりました。教科書の例文も、この色カードで何とかなるかもしれません。

「センキュウ」とお礼を言いながら、河田さんはつい頭を何度か下げてしまいました。先生もふざけて頭を下げましたが、河田さ

んはそれに気づかず、
（よし、色カードを作ろう！）
と、決めました。

【解説】

授業を支える教材と教具

日本語を教える時、教科書だけを使って教えることは少ない。たいていの授業では、問題集やテープなどの「副教材」が用いられる。また、それ以外の小道具も、様々な形で授業を支えている。ここではそういった、授業を支える教材と教具※について述べる。

教材は、教授法や学習者の運用力レベルに応じて変化するものだ。たとえば直接法では日本語をたくさん聞かせ、言わせることで、文の形とその意味を学習者に推測させる。

学習者に日本の地図を見せて、太平洋と日本海を示し、

「海です。」

※教材と教具……教材とは外国語の生情報を教育用に加工・編集したもの。教具とはその編集のための、それ自体は情報を含まないもの。ビデオテープは教材で、それを再生するビデオテープレコーダーは教具。同様に教科書や配布プリントは教材、黒板は教具。

と言えば、「海」の意味は推測できる。これは「例から規則へ」という帰納的な教え方・学び方になる。

しかし前節の河田さんの先生が示したようなカードを使った教え方の場合、初めに文の形と意味を教えてからそれぞれの具体的な例文に行くという「規則から例へ」の演繹的な教え方・学び方になる。規則は学習者の知っていることばで説明するので、河田さんは結果として、間接法で教えることになる。つまり教科書に出てくることばを書いたカードを作ってそれの順番を入れ替えたり、あるいは単語を付加・削除したりして文の構造を教えるというものだ。そして構造を理解させたら、文の応用に移る。

カードを用いた現場の実践的な工夫の一つとして、画用紙の色や文字の色を変えることによって、単語のカテゴリーの別を示すというものがある。たとえば、「机」「バス」「電話」のような普通名詞は黒、「食べます」「行きます」のような動詞は赤、「は」「を」「から」など助詞やそれに相当する表現は青、のようにする。

教材の分類法は多様だが、オーソドックスな考え方は、

- 市販教材であるか、自作教材か
- その教材が授業を進める上での中心になるのか、それとも周辺を支えるものか

といったものだ。

また教材に思えないものでも、教材として使われるものは多い。たとえば授業で「かんざし」について説明する場合、ことばで説明するよりも、かんざしそのものを持ってきて見せるほうが効果的だ。このように使われるものは「レアリア」と呼ばれる。

前に紹介した凡人社をはじめ、大きな書店ではさまざまな教材が売られている。しかし初めて教える場合の基本的な考えは、

● まずは教科書一冊とそれに準拠した音声教材だけでやってみる

ことだ。教科書とテープ（あるいはCD）を買った後で、実はオプションでこれとこれも買わないとうまく授業できません、というのは、まっとうな教材のあり方とは言えない。また、副教材を買って授業に持ち込んでも、それだけで授業の技量が上がるわけではない。

大切なことは、教科書の教え方を考え抜くことだ。

学習者が多様化している現在とはいえ、あふれるほどに副教材が売られているという現状は、教科書に対するスタンダードな教材研究が十分ではないことの現れだろう。

ただし金銭的な余裕があれば、授業にすぐ使うかどうかは別として、勉強のためにいくつかの副教材を買うことは勧められる。副教材には、授業や学習者に対する教え手の信念や考え方が具体的な形になって現れている。だからその分析や批評は、他の人の授業を見る以上に勉強になる。シナリオを見て実際の映画を想像するように、さまざまな教材に触れて、こんな授業はできないだろうか、と考えることは、教える場が与えられない時でも良い訓練になる。

CASE STUDY

●［ケーススタディ］

教科書の「第1課」で何を教えるのか

——「みんなの日本語 初級Ⅰ」を例に

ではここで、教科書『みんなの日本語 初級Ⅰ』を例に、外国人に日本語を教える最初の最初、つまり第1課とはどういうものか、内容をちょっと見てみましょう。

「みんなの日本語」の各課は

- **文型と例文**
- **会話**
- **練習A・B・C**
- **問題**

に分かれています。

ここでは、図3の「練習A」を見て下さい。

練習《れんしゅう》　A

1.　わたしは　マイク・ミラー／かいしゃいん　です。

2.　わたしは　カール・シュミット／エンジニア　じゃ　ありません。

3.　あの　人《ひと》（方《かた》）は　きむらさん／マリアさん／だれ（どなた）　ですか。

4.　サントスさんは　ブラジル人《じん》です。

マリアさん／あの　ひと　も　ブラジル人《じん》です。

5.　ミラーさん／カリナさん　は　IMC／ふじだいがく　の　しゃいん／がくせい　です。

6.　テレサちゃん／たろうくん　は　9さい／8さい　です。

なんさい（おいくつ）……か。

【図3】

この「練習A」には、その課で出てくる新しい文の形（文型）がすべて示されています。これから三人が教える第1課でも、前ページのような文型が教えられます。

この表をよく見て、これらの文の特徴は何か、また私たちが日常使っている日本語と何が違うのか、考えてみましょう。

せめて10分間、これをにらんで考えてみてください。

いかがでしょうか。

多くの方が、一つの課でずいぶんいろいろなことを教えるものだな、と感じたのではないでしょうか。

「練習A」の文1〜6は、基本的にはすべて「〜は〜です。」という文です。

1　**わたしは　マイク・ミラー　です。**
　　　　　　かいしゃいん

これは、自分の名前と職業を述べる文です。

2　**わたしは　カール・シュミット　じゃありません。**
　　　　　　エンジニア

これは、そのことが「ちがう」という文です。

3　**あの人（方）は　きむらさん　ですか。**
　　　　　　　　マリアさん
　　　　　　　　だれ（どなた）

これは、そのことを訊ねるときの文ですが、教える上で見逃せない重要なポイントが集中しています。4点に分けて、考えましょう。

(1)　まず I と you つまり「私とあなた」という関係で進んでいないことです。英語であれば I am…という文を習ったら、質問の文には Are you…? という文が来るのが普通のようです。ところが「あの人は」では、もし英語に訳したら Is that man…? の文になるから、対称的ではなく、釣り合いが取れないようですね。これは you に相当する「あなた」という語が現代の日本語ではどういう時に用いられるかを考えると分かります。「あなた」は妻から夫へ、あるいは役所の担当者から来訪者へ、などきわめて限定された関係の中でしか用いられないため、教科書の第1課では教えられないのです。

(2)　「人」と並んで「方（かた）」が出てくることです。教科書によって多少の相違はありますが、「みんなの日本語」の基本的な方針は多少は他人行儀に聞こえるとしても、失礼にあたらない妥当な表現を教えることにあります。つまりこれは丁寧な表現、間違いのない表現であり、「あなた」を教えないことと表裏の関係にあります。

(3)　人の名前に、1と2では付いていなかった「さん」が付くことを教えなければなりません。たとえば自己紹介で、「私は田中さんです」と言ったら奇妙ですが、英語では電話などで自分のことを言うのに、“This is Mr. Tanaka speaking.”（こちらは田中と申しますが）と言ったりすることは普通です。

(4) 日本語では文の終わりに「か」をつけると、すぐに質問文になることを教えます。

4 **サントスさんは　ブラジル人です。**
マリアさん　も　ブラジル人です。
あの　ひと

これはある人がどこの国の人か、ということと、その次の人もまた、同じ国の人だ、という文です。英語だったら、たとえば He is a student, **too.** に当たるような文ですね。英語では文尾の too で表現することを、日本語では「は」を「も」に置き換えることで言うわけです。ではどうして「マリアさん**はも**ブラジル人です」と言わないのだろう、こういう疑問が芽ばえた人は、もう学習者の視点に立って考えていることになります。こういう疑問は学校の国語の勉強ではあまり考えないことですが、日本語を教えるときには、大きな意味を持ってきます。

また、前の文では、人は「ひと」と読んだのに、ここでは「じん」になっていることも注意するといいでしょう。漢字の読み方が二つ以上あるということは、初めて漢字を習う外国人にはびっくりすることなのです。

5 **ミラーさん　は　IMC　の　しゃいん　です。**
カリナさん　ふじだいがく　がくせい

これは今までに「〜は〜です」の後ろでは一語（例：会社員）だったものが、今度は二語が

「の」でつながったもの（例：ＩＭＣのしゃいん）になっていることがポイントです。当たり前に使っている「の」であっても、「外国人に教える」という見方で再考すると、複雑なものに見えてくるでしょう。

6　**テレサちゃん　は　9さい　です。**
　たろうくん　　　　8さい
　　　　　　　　　　なんさい（おいくつ）…か。

↓最後の文では、今まで大人のことを扱った文だったのですが、いきなり「テレサちゃん」「たろうくん」と子供のことが話題になっています。また、後半は年齢です。9さいは「きゅうさい」ですが、8さいは「はちさい」ではなく「はっさい」になることに気づいた方、優秀です。それから年を聞くときに二つの言い方が併記してあることと、「おいくつ」が丁寧な表現であることも見逃せません。一般に年齢を訊ねることは、状況によってはかなり失礼であること、しかし子供に対してであればさほどでもないこと、この二つに気づけば、この文でいきなり子供が出てきた意図もお分かりでしょう。

このように、たった六つの文中にも、教える前にこちらが気づくべきことがたくさんあることが分かったと思います。

しかし、まだ大切なことがあります。

それは、これらの文の書き方の問題です。

単語の間に小学校低学年の教科書のような空白があります。この書き方を「分かち書き」と言います。アルファベットを使うことばと違って、日本語は普通、分かち書きにしないことも確認してください。

それから、「会社員」が「かいしゃいん」と書かれているように、漢字がずいぶん制限されています。しかし、声に出して読んでみればすぐわかりますが、これらは稚拙な文ではありません。現代の日本語として、きわめて自然な文です。

「みんなの日本語 初級I」はこの課から始まり、第25課まであります。この一冊を終えると、あいさつや物事の描写、日々の出来事といったことについて話せるようになるのはもちろん、「〜すると」「〜するとき」などの条件の表現や「明日、雨だったら」という仮定条件を表す表現までが身に付きます。土日を除いた週に五日、一日に2時間ほど集中して勉強すれば、半年ほどの学習で、このレベルまでは行きます。

定番の教科書は自然な日本語を、習う立場の視点からどうやって選び、どう配列するかに腐心しています。これはそのまま、日本語を教えることの難しさにつながっています。

ですからどんな教科書でも、それを使う時には最初のページから最後まで、その成り立ちを丹念に追うことが大切です。学習者の状況を知る努力と並行してこれをすることにより、授業のあり方が見えてきますし、自分の頭の中の日本語も整理・編集できるようになります。

★　★　★　★

さて、日曜日いっぱいかけて、三人の「いきなり先生」はそれぞれの準備に一段落つけたようです。

平野さんはローマ字書きにした第1課で、「会話」を教えるつもりです。特にサマーズさんが自己紹介を言えるようになることを目標にし、100円ショップで買ったものでちょっとした教材も作ってみました。平野さんは間接法になりますが、極力、日本語を使って教えよう、と思っています。

今井さんは、相手の生徒さんがファクシミリで送り返してきたアンケートの答えを元に、「相手が知りたいことを教える」という方針を立てましたが、実はあんまり準備が進んでいません。自分が出来ない英語を使って授業なんてできやしない、と悟った今井さんは、とにかく日本語だけで授業をすることにしました。

河田さんは単語カードを作り、並べて教えながら、生徒さんにたくさん日本語で話をさせよう、と思っていました。そして「〜は〜です」という文の意味を英語で解説するために、学校の英語の授業でもしたことがないほどの膨大な英作文を仕上げました。河田さんももちろん、間接法の授業になります。

三人三様、やりかたは違うものの、いよいよ次章では「授業」が始まります。

三人の授業デビューを、見ていきましょう。

第二章

「いきなり先生」授業の実況中継

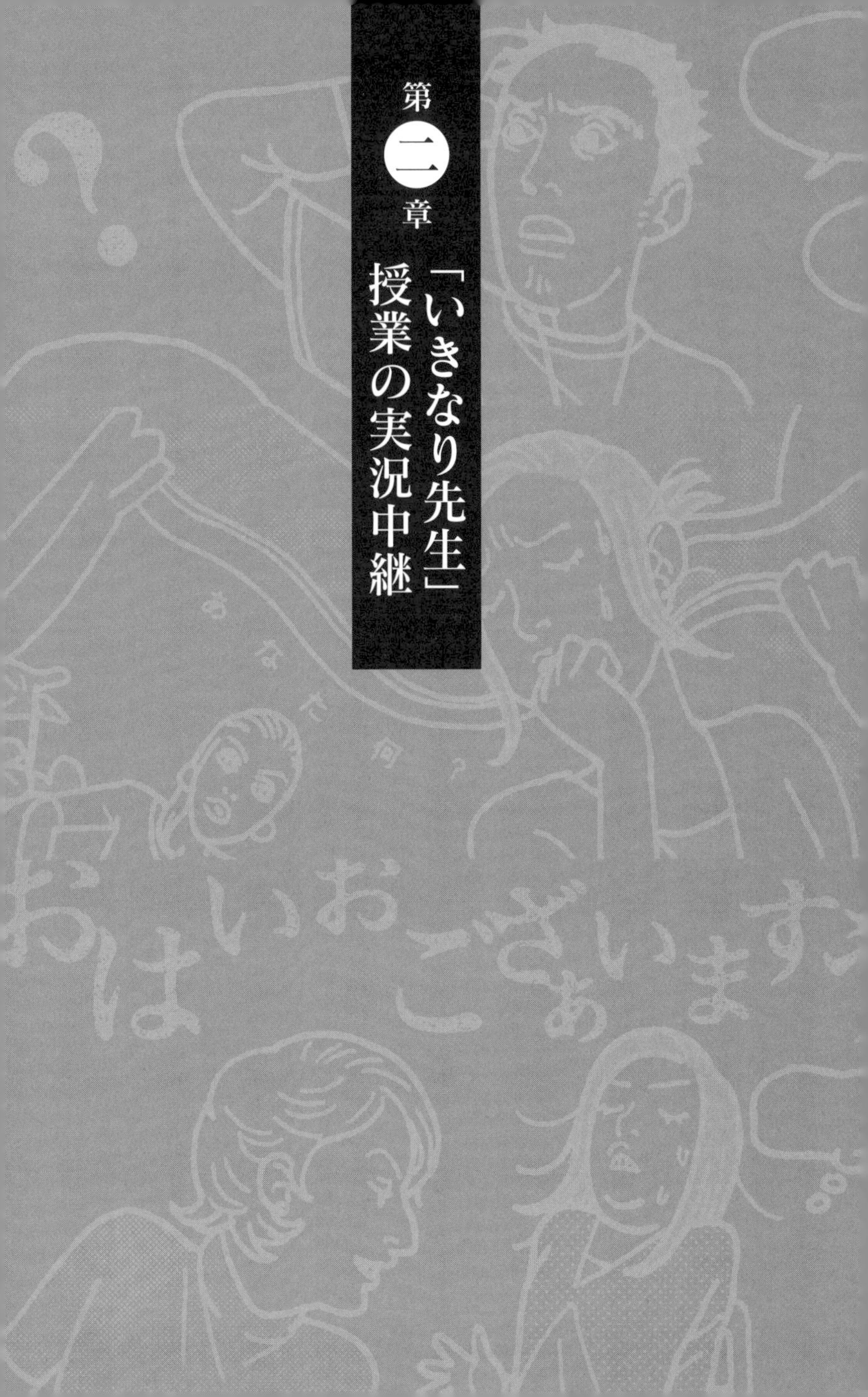

一、平野さんの教え方

実況中継―1　玄関先でショック！

月曜日の朝十時半、平野さんの自宅チャイムが鳴りました。

サマーズさんの来訪です。

「はァい」

平野さんの声は緊張でかすれてしまい、「はい」と英語の"Hi."が混ざったような返事をしてしまいました。

ドアを開けると、サマーズさんが緊張の面もちで立っています。

「プリーズ、カムイン（どうぞお入り下さい）」

平野さんは彼女の緊張をほぐそうとして、にこやかにそう言いましたが、内心は逃げたい気持ちでいっぱいです。そんな平野さんを、あるショックが襲いました。

何とサマーズさんが手にしていたのは、平野さんが買った教科書のローマ字バージョンでした。もし書店でこれが売っていれば必ずこっちを買ったはずだし、日曜日の半日をつぶして、漢字かな交じりの文をローマ字に直す必要もなかったのです。

　とにかく平野さんはサマーズさんをダイニングルームへ導き、イスを勧めました。

　テーブルにはローマ字書きの第1課、それを近所のコンビニでコピーしたもの、100円ショップで買ったホワイトボード、小さな世界地図、そしてペンがあります。

　平野さんもサマーズさんの前に座りました。

「あの、じゃあ、レッツ・ビギン（始めましょう）」

「サンキュウ」と、サマーズさんは答え、微笑み返しました。そして、教科書の第1課を開き、自分はトーカティブ（おしゃべり）だから、ダイアログ（会話）を主にやりたい、と言いました。

　これは、ほぼ平野さんが考えた通りでした。

「はい、ＯＫです」

平野さんが答えると、サマーズさんはにっこりして何か早口の英語で言っています。よく聞き取れませんが、日本人も同意の時には「オーケイ」と言うことを、面白がっている様子です。

佐《さ》藤《とう》：　おはよう　ございます。
山《やま》田《だ》：　おはよう　ございます。
　　　　佐藤《さとう》さん、こちらは　マイク・ミラーさんです。
ミラー：　初《はじ》めまして。
　　　　マイク・ミラーです。
　　　　アメリカから　来《き》ました。
　　　　どうぞ　よろしく。
佐《さ》藤《とう》：　佐藤《さとう》けい子《こ》です。
　　　　どうぞ　よろしく。

【図4】

平野さんは曖昧に微笑み、つい「サービス」で英語を入れたことがまずかったのでは、と思い、しかしそれも打ち消して、もしかしたらあっちも英語を教えてくれているのかも知れない、と考えました。

サマーズさんは、「会話」のページを熱心に見始めました。平野さんも、自分でローマ字書きをしたページに、目を落とします。

実は予習のときから、平野さんにはある心配がありました。

第1課の「会話」には登場人物が三人いるのです。アメリカ人の男性、ミラーさんと、OLの佐藤さん、それに上司の男性である山田さんです。

会社の中が場面で、初来社のミラーさんが佐藤さんに会う、という設定のもと、【図4】のような会話文が載っています。

【指導のポイント―1】

授業で迷った時の基本方針

一対一で教える会話の場面に三人が出てくるような場合、どう指導したものだろうか。

いろいろな角度からの解決が考えられるだろう。誰かが近くにいるなら手伝ってもらう。あらかじめ誰かに頼んで会話を録音しておく。会話テープを買っておいて流す。あるいは、いっそ対話文ごと変えてしまう。

教える準備や予習をしていて、どうしようか、と迷った時には（他の人にはともかく、この学習者にとっては、どのやり方がいちばんいいだろうか）と問いかけてみることだ。

外国人に日本語の個人指導をする教え手は、たった一人のお客さんに料理をするシェフに見立てられる。その人にとっていちばんおいしいと思われるもの、好みに合うものを自分なりにおいしく料理して、素直に出すだけのことだ。栄養学とか伝統的料理法について考えるのは、もっと後になってからで構わない。

外国語を教える時、教え手は準備段階や実際の授業で、こういった決断を次々に突きつけられる。それを手際よく仕切って、限られた時間にまとめあげることは、いわば授業の「編集」といえる。上手な編集は「勉強する学習者中心で」と考えれば、まず間違いはない。

決断を迫られる事例の典型は、発音の指導だろう。外国人の日本語を「日本人らしくない」と判断する時、その基準の最たるものは発音だ。

しかし、すべての学習者が、日本人と同じように発音ができるようになりたい、と考えているわけではない。

だから「通じるかどうか」という判断基準を越えて、学習者の日本語が日本人と同じような発音であるべき、という指導の押しつけは、避けなければならない。

指導経験が少ない、または、浅い教え手は、正しく聞こえない外国人の日本語を、何度も繰り返し練習させて解決しようとすることが多い。

しかし、実は直すのは口の問題ではなく、耳の問題であることが多い。

たとえば日本人が英語で多く間違えるといわれる事項の一つに、LとRの音の違い、がある。

僕たちはどうしてLとRを区別しにくいのだろうか。

それは、どちらも同じように聞こえるからだ。同じように聞こえるものを違うように再現しろ、と言ってもそれは難しい。

自分の学習者になる人も、自分には明白な違いが聞き分けられないから上手に発音できない、という可能性がある。外国語の音に慣れてくることを「耳が開く」と言ったりするが、耳が開くまでは一回や二回の指導で直りっこない、と考えて、「まあまあ通じればよい」、と根気よく取り組むこと、これがまず大切だ。自分が外国語の学習者になった場合、30分も40分も単純な発音指導だけを続けられたらどんな気持ちになるだろうか。何も悪いことをしていないのに叱られているような、気分の悪さが残るのではないだろうか。

「学習者中心」という哲学は、つまるところは相手への思いやりという普通の問題に過ぎない。日常的に他人を思いやれる人であれば、外国人の学習者のことも自然に思いやれるはずだ。

実況中継―2　「音」を教える

ここで平野さんが取った方法は、平野さんが日本人二人を兼ね、サマーズさんにはミラーさんの役をやってもらう、というものでした。

そのことをサマーズさんに告げて、平野さんは、

「おはようございます」

「おはようございます」

と、二人分の台詞を、少し声の調子を変えて言いました。

そして次に、「佐藤さん、こちらは」を言いかけた瞬間、サマーズさんが役とは関係なく、こう言いました。

「おはいお、ござぁいます」

役を決めて読む流れが、早くも中断しました。

おはいお、ではまるでアメリカのオハイオ州のようですし、「ざぁい」も妙に高い音になっています。

しかし、平野さんは続けました。

「佐藤さん、こちらは、マイク・ミラーさんです」

続いてサマーズさんが言います。

「はじめまして。マイク・ミラーです。アメリカからきました。どうぞよろしく」

（お、なかなか上手、）と平野さんは思います。

音の長さが何か不揃いでも、「ミラー」や「アメリカ」が英語の発音そのままであっても、初めて教えるときは生徒さんが日本語のフレーズを少し言うだけでとても上手に聞こえるし、嬉しく思えるものです。

平野さんは最後の「佐藤けい子です。どうぞよろしく」を言い終えました。もう一回やろうか、と思ったとき、サマーズさんが訊ねてきました。

早口の英語でなかなか聞き取れませんでしたが、どうやら「です」「ます」の最後の「u」が聞こえない、というのです。さらには、あなたはダイアレクト（方言）あるの？とまで聞いているようです。

平野さんは心の中で確認してみます。確かに「です」「ます」の最後は「s」だけを、喉で響かせないで発音しているようです。

平野さんが、自分の出している音を確かめ

るように「おはよう、ございます」と言うと、サマーズさんは即座に「おはいお、ござぁいますぅ」と続けます。これではどっちが先生だかわかりません。

今、平野さんには二つの課題があります。

- **「です（desu）」「ます（masu）」の終わりの「す」は「u」を発音しないのを教えること**
- **サマーズさんがそれを理解して、ある程度正しく発音できるようにすること**

音の指導は、外国語を教える上で、基本中の基本です。

日本語の音を教えるときには何に気をつけ、どう教えたらいいのでしょうか。

【指導のポイント—2】

アクセント入門

言うまでもなく、文字は言語音を書き表したものだ。

石板に刻まれた古代文字でも、原稿用紙に万年筆で書いた手紙でも、書かれた文字は保存できるし、持ち運びもできるから、何か安定性がある。

しかし外国語を教えるということは、徹底してその言語の音を教えることだ。同じ構造の口蓋や耳を持った学習者に、日本語として聞こえる音を再現してもらわなければならない。

僕たちはある日本語を聞いた時、それが日本語の音として自然に響くかどうかを判断できる。「わたしがビールは好きくないです」という日本語が正しくないと判断できる「文法上の直感」と同様に、「音声上の直感」

も、自分の第一言語に関しては誰でも備えている。音楽がメロディとリズムから成立しているように、ある言語の音も、それが自然と感じられるような要素に分けられるはずだ。

ここでは、日本語のアクセントについて考えてみる。

易しい英単語の復習から入ろう。

たとえば famous は「フェイマス」のように読まれる。ではこの単語は、どのあたりを強く読むのだろうか、「フ**エイ**マス」か「フェイ**マ**ス」か。

答えは前者だ。だから英語のアクセントというのは、単語の中のどの音を強く発音するかで決定される。

日本語ではどうだろうか。

たとえばある人の発音が関西のアクセントのように感じられる場合、その人は関東の人たちとは、単語の中で違うところを強く発音するのだろうか。

そんなことはない。

日本語のアクセントは、単語の音のどこを「高く」読むか、で決定する。いわばリズムというより、メロディのようなものだ。

東京語の話し手であれば、「端」と「箸」の発音の違いを聞き分けられるし、違いを再現もできる。「端」は「は↓し」と同じ高さで口にされるが、「箸」は「は」が「し」よりも少し高く発音される。

この二つを含め、日本語のアクセントには四つのパターンがある。
(1) **平板型**…「端」のように二拍以降、音が下がることなく、かつ後にいわゆる「てにをは」が来ても音が下がらないパターン。二拍の語なら「水・鳥・道」、三拍の語なら「すずめ・ネズミ・机」などだ。

(2) **頭高型**…「箸」のように、単語の最初の音が高いパターン。二拍の語なら「嘘・鴨・数」など、三拍の語なら「素足・たぬき・トマト」などだ。

(3) **尾高型**…同じ「はし」でも、「端」と違って「橋」は「橋を渡る」のように、「し」の後「を」で音が下がるが、こういうパターンを言う。平板型と似ているから、区別には注意が必要だ。二拍の語なら「花・指・派手」、三拍の語なら「痛み・宝・手元」などだ。

(4) **中高型**…三拍以上の長さの語で、一拍目と最後の拍以外、つまり語の間の音が高くなるパターン。三拍の語なら「あなた・くしゃみ・しかし」、四拍の語なら「手招き・背もたれ・地ひびき」などだ。

もちろん、拍とアクセントだけが、正確な日本語の音を再現するための条件ではない。しかし、この知識だけでも「日本語を客観的にとらえる」ことはある程度可能になる。自分が発音する単語がどんなアクセントなのかを説明できれば、学習者への指導の方法も見えてくる。

実況中継─3　発音のモデル登場　〜単語から文へ〜

授業は、アッという間に30分が過ぎています。

学生時代には1時間半の授業が長いと思っていた平野さんですが、教える立場に立つと、時間の経ちかたがまるで違います。

平野さんが突きあたったトラブルとは、「おはいおございますぅ」に聞こえるサマーズさんの発音を直すことと、「〜ます」の最後の「u」は発音しないのを納得させることでした。

部屋に誰かがいれば別の見本を示すことができますが、ご主人は会社、娘さんは学校で、家には二人のほか、誰もいません。

（やっぱりテープも買っておくんだったなあ）弱り顔でそう思った平野さんがふと時計を見ると、時刻は十時五九分です。ひらめいた平野さんは、テレビのリモコンを手にすると、NHKをつけました。サマーズさんは、何事か、とついたばかりの画面を見やります。

十一時になって、画面が変わりました。

「おはようございます。ニュースをお伝えします」

話し方のプロというべきアナウンサーの「おはようございます」を聞いたサマーズさんは、納得した顔で画面に向かって、「おはようございます」と、挨拶を返しました。「ますぅ」は消えて「ます」になり、「おはいお」も「おはぃおぅ」くらいに直ってきました。

平野さんは一息ついて、次の課題に入りました。

次は「AはB**じゃありません**」という否定の文、つまり「わたしはカール・シュミット**じゃありません**」を教えます。

まず、平野さんはサマーズさんにこう言いました。

「私は、平野です。平野俊子です」

と、自分の鼻ではなく、胸元を指さします。そして、

「私はジュリア・ロバーツじゃありません」

と言って、首を横にふりました。カタカナ読みの「ジュリア・ロバーツ」じゃ分からないと考えたので、そこだけはちょっと巻き舌にして、英語っぽく発音しました。そして、「じゃありません」のところは、少し強調して言いました。

サマーズさんはすぐに、この文型を理解したらしく、笑いながらちょっとあなた、ジュリア・ロバーツに似てるわよ、というようなことを早口の英語で言っています。

（そりゃあ口は大きいけど、まさかね）

平野さんは一瞬、思いましたが、すぐに忘れ、サマーズさんに世界地図を示しました。

そして日本を示して、

「日本です」と言いました、次に自分をまた示して、

「日本、**人**です」と言いました。

サマーズさんは、分かっている、というふうにうなずいています。

次いで平野さんはカナダを指さして、

「カナダです」と言い、自分の手のひらをサマーズさんに向けて、

「ケネーディアンです。カナダ、**人**です」と言いました。

サマーズさんはとても良く分かる、というふうにうなずきました。

平野さんは嬉しくなりましたが、もう一押しです。また自分を示すと、

「私は、日本人です。カナダ人、じゃ、ありません」と言いました。そしてさらに、

「私は、平野です。サマーズさん、じゃ、ありません」

「私は、ハウスワイフです。ビジネスマン、じゃ、ありません」

と続けて聞かせ、どうにかこのシンプルな文型を、サマーズさんに理解してもらいました。

サマーズさんも日本語で何か言えることが嬉しいらしく、

「わたしは Meryl Streep（メリル・ストリープ）じゃありません」

「わたしは Cameron Diaz（キャメロン・ディアス）じゃありません」

などと、自明のことを口にしています。

「そうです、とてもいいですね」

平野さんがそう誉めると、サマーズさんはとても嬉しそうです。

【指導のポイント―3】

文字より音にこだわること

平野さんの授業は、ここまでの大筋は悪くない。

その理由は、平野さんが徹底して日本語の「音」を教えることに終始していることにある。

口頭によるコミュニケーションを指向して外国語を教える場合には、とにかく音にこだわることが大切だ。**音を教える、音から教える、音で教える、**どんな言い方でもいい。習っていることばの音を聞かせ、言わせる中で、学習者がいま何を知っているのか・何を知りたいのかを見抜き、限られた時間の中でそこに集中することが授業の成否を決める。先生による説明と黒板への板書、そしてそれをノートに取ることが授業、という教育を受けてきた僕たちにはなじみにくいが、初歩の外国語の授業では、その時間・空間を、学習することばで埋め尽くすことが大切だ。

たとえば平野さんは、サマーズさんが知っているかどうかは考慮せず、ほめる時には日本語を用いた。直接法か間接法か、という違いを越えて、これはとても大切なことだ。

日本語を教える現場のほとんどでは、授業の前に「クラスの日本語」などの名前で教室内でよく使う日本語を教え、それを使うようにさせている。

挨拶をはじめとして、「すみません、もう一度お願いします」「質問があります」などがそれに相当する。「ちょっと○○語でいいですか」というのも、大切な表現だ。これは「習っている言語だけで話す時間」と「例外的に媒介語を使ってもいい時間」という二つを隔てる、ことばの壁として機能する。

また平野さんは、「〜人」という単語を教えたり、「〜じゃありません」という文型を教えたりする際にも、地図を使い、それをヒントに日本語の音をサマーズさんの耳に入れる方法を取った。媒介語で言えば話は簡単だが、学習者にとっては、どんなに易しいことでも、それが耳慣れないことばで説明されれば、注意深く聞くものだ。そして地図のような「説明のための面白い媒介」があれば、その経験は強く頭に残り、結果としてよく定着することになる。教授法の別は問わず、こういった導入の工夫はぜひ行うべきだろう。

実況中継―4　手作りのカード教材で教える

続いて平野さんは、「〜は…ですか。」という疑問を表す文の導入に入ります。教科書には、「あの方はきむらさんですか。あの方はどなたですか。」という例文が載っています。

平野さんは予習の時から、この文は教えにくい、と感じていました。

というのは、「あの＋人」というつなぎ方の説明がややこしいし、「人」「方」という二つのことばの区別が難しく感じられたからです。

① 日本語は文末に「か」をつけると疑問文

この文を一度に教えるのは大変なので、まず平野さんは文の終わりをうんと上げて、サマーズさんにこう聞きました。

「サマーズさん？」

不意に名前を呼ばれたサマーズさんは何？　と言いたげな表情です。

平野さんは、先を譲るときの「どうぞ」のように手のひらをサマーズさんに示し、ゆっくりと聞きました。

「サマーズさんです、か？」

今度も上り調子で尋ねながら、平野さんは「KA」と書いた小さなカードを出しました。もちろん100円ショップの画用紙で作った、お手製カードです。

聞いた後で、平野さんは「KA」をゆっくり裏にして、サマーズさんに示しました。

裏面には、クエスチョン・マーク「?」が書いてあります。

一、二秒固まっていたサマーズさんは、納得したように首を縦にふり、
「イエス！　わたしはサマーズです」と言いました。

平野さんは
「『イエス』は、『はい』です」と、言いました。そして「KA」のカードを置くと、

「アスクミー・ア・クエスチョン（じゃあ、私に質問してください）」と、言いました。

オーケイ、とサマーズさんはうなずき、

「俊子さんですか?」と聞きました。平野さんはにっこりして、

「はい」とだけ答えます。

サマーズさんはうなずき、ちょっと考えてから、

「俊子さんは、カナダ、人、ですか?」と聞きました。

また平野さんはゆっくりと、

「いいえ」と答えました。

サマーズさんは「はい」「いいえ」をノートに書いているようです。

それを見ながら平野さんは、ここ何ヵ月も感じたことがない、不思議な面白さを味わっていました。娘さんにことばを教えたときのような気持ちと、英会話を練習しているときの気持ちが両方混ざり、緊張感と温かさとが同居して、サマーズさんとここにいる一秒一秒が、愛しくなるようでした。

けれど、「か」をつけると疑問文になる、というルールこそ上手に教えられたものの、実は平野さんが考えついた教え方はここまででした。

② 第三者を示す「あの人」の教え方

今、家には二人しかいません。「あの人は~さんですか。」

という、第三者を話題にした文を、どうやって教えたらいいものでしょう。

平野さんは苦し紛れに、またテレビをつけました。音がうるさいので、ボリュームはうんと低くします。

ニュースはまだ終わっていませんでした。平野さんは話しているアナウンサーを指さして、

「あの人は、日本人ですか？」と、聞きました。

まだ「あの人」も教えていませんが、とにかく進めてみることにします。

サマーズさんは困った、というように首を振って、

「もう一度言ってみてくれませんか？」のようなことを、英語で言います。当然です。仕方ないので平野さんは、「あの人」は略して、もう一度アナウンサーを指さし、

「日本人ですか？」と訊ねました。

「はい、日本人です」

サマーズさんは、今度は自信ありげに答えます。

平野さんはうなずくと、ホワイトボードを引き寄せ、水性ペンのキャップを取ってこう書きました。

ANO HITO
that person

そして「ANO」「HITO」と、それぞれのローマ字書きを示しながら、

「あの・ひとは、日本人ですか?」

と聞き、テレビの画面を指さしました。

しかし残念、ニュースは終わっていました。

画面は「ふるさとワイド」に変わってしまい、東北の祭を紹介するダニエル・カールさんが映っています。

サマーズさんは、

「あの、ひと」

と、口を動かしてから質問を考え、画面を見つめ、さっきメモを取ったノートを見て、

「いいえ」

と答えました。「あの人」の導入は成功したようです。

サマーズさんは、画面のダニエル・カールさんを見て、

「でもあの人、日本語うまいわねえ!」

というようなことを英語で言いました。

平野さんは、

「あの人は、アメリカ人です。あの人は、ダニエルさんです」

と答えました。

③「誰ですか」の教え方

平野さんはふと思いついて、

「ドゥーユー・ハブ・ユア・ハズバンズ・ピクチャー？（ご主人の写真、お持ちですか）」と聞きました。

「はい」

サマーズさんは英語で聞かれたのに、ちゃんと日本語で答えました。

平野さんは少し驚いて（そうだ。日本語を、教えてるんだ）そう自分に言い聞かせ、ここは使える限り日本語で行こう、と思い直しました。

サマーズさんは、側のバッグから、黒い革の写真入れを出します。

中には、ご主人ジョージさんの写真が入っています。平野さんはそれを借りて、テレビの上に置きました。

そして、

「誰ですか？」と聞きました。「だれ」はサマーズさんにとって、初めてのことばです。

「ごめんなさい、何て言ったの？」

そんなことをサマーズさんが英語で聞き返します。

「あの人は、トムさんですか？　ジャックさんですか？　フレッドさんですか？　**だれ**、ですか？」

そう平野さんは言いました。

「I see!（分かった！）あの人は、ジョージです」

サマーズさんはゆっくりそう答えました。そして、

「『だれ』は“who”ですか？」

と、日本語で聞きます。平野さんは、

「はい、そうです」と答えました。

平野さんは、サマーズさんが理解してくれたことが嬉しくてたまりません。サマーズさんも理解できたことが嬉しいらしく、

「あの人は、ジョージ、です」と、繰り返しました。

もちろん、本来はこういう状況であれば、名前は言わずに、「あれは夫です」とか答えそうなものです。

しかしそこまで説明しては「なぜ名前を言わないのか」「夫って何なのか」まで説明しなければなりません。

平野さんはそこはいずれ、と考えて、

「そう、そうですね。とてもいいです」とだけ答えました。

意味こそ分からなかったものの、サマーズさんは誉められたことは十分に通じたらしく、ニッコリ笑いました。そして部屋を見渡すと、ドアが半開きになった娘さんの部屋を示し、

「あの人は、誰ですか？」と聞いてきました。

誰かと思って平野さんが見ると、壁にはスマップの香取慎吾のポスターが貼ってあります。

「あの人は、香取さんです。日本人です」

平野さんはそう答え、会話の機会を与えてくれた香取君にちょっと感謝しました。

【指導のポイント―4】

媒介語の使い方・絵の用い方・間違いの直し方

平野さんは、サマーズさんにご主人の写真を持っているかを聞いた時、サマーズさんが日本語で答えたので、「なるべく日本語で」と方針を変えた。

間接法による授業であっても、これは適切な考え方だ。間接法というのは「必要ならば媒介語を用いることも時には良い」という教え方であって、無制限にそれを用いて良いという意味ではない。

学習者の母語が上手な教え手の場合は、ついそれを使いすぎてしまい、学習者もそれに慣れてしまうため、いつまでたっても教室で日本語と媒介語が混ざってしまうことが少なくない。「教室内バイリンガリズム（二重言語併用）」などと言えば聞こえはいいが、授業の成功例とは言えない。

要は、媒介語を使う場合でもそれが授業の主役にならないことだ。授業では、習っていることばだけを使ってコミュニケーションする時間の固まりを、必ず取らなければならない。たとえばアメリカの大学の日本語授業では、文法の説明だけはざっと英語で行い、いったん会話の時間に入ると英語は禁止、という場合が多い。

媒介語は使い方にもレベルがある。たとえば、平野さんが「ＡＮＯ　ＨＩＴＯ」とホワイトボードに書いたように、媒介語の文字は使っても、音はなるべく使わない、というのは一つの方法だ。

もちろん、こういう図の代わりに、ルールや訳語を口頭で説明しても構わない。しかし、必要な時以外は教え手は媒介語を使わない、という姿勢を示すことで、学習者もなるべく習っていることばを使おう、という気になるものだ。

また、媒介語で説明する代わりに、簡単な絵や線画を書く方法もある。

「具体的なものを説明するための実物」を「レアリア」と呼ぶことは前に書いたが、レアリアがない場合には、この方法が適当だ。これはものの名前、つまり名詞以外の説明をする時でも有用な方法だ。【図5】に示したのは教科書に準拠した絵カードのセットだ。それぞれどういう意味か、どういう語や文型の導入・練習に役立つのか、考えてみるだけでもよい勉強になる。

絵教材にないことばであれば、自作することを勧めたい。画用紙を大量に買っておき、不要の雑誌や新聞広告から、教えたい単語に合致する物があったら切り抜いて貼っておくと、後で役に立つ。小型カードであれば、コープ（生協）の宅配カタログ写真が役に立つ。

なお平野さんは、「あの人はジョージです」という、状況によっては不自然に聞こえるかもしれ

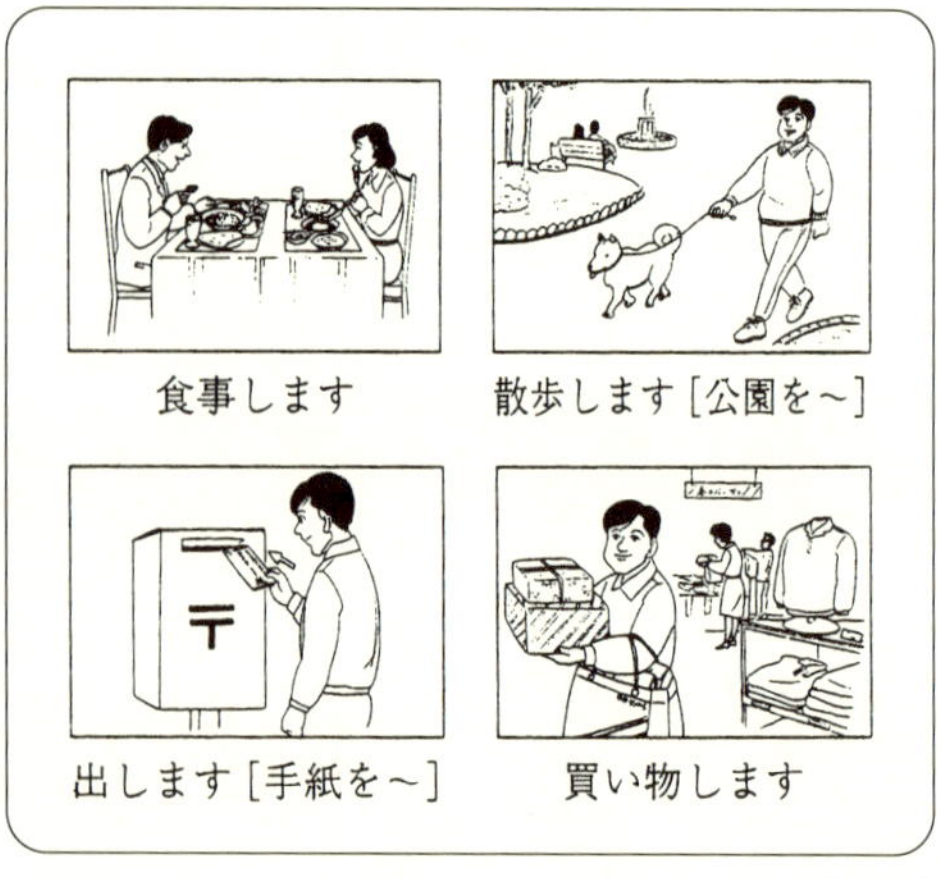

【図5】

ない言い方を、その場では直さなかった。

こういうことの訂正は、どうしたらいいのだろうか。

永遠に直さない、というのは教え手としては責任の放棄になるから論外だ。「もし間違えてもそれを直さないでほしい」という学習者はいないだろう。

しかし学習者が間違えるたびに、いちいちそれを直していては授業が細切れになってしまうし、学習者にとっても気持ちの良いものではない。後で直すことを必ず実践できるのであれば、「今日はとりあえずここまでできたからよい」という、ある種の見切りも時には必要になる。

簡単なことではないが、直すのは授業が一段落してから、まとめて伝えることを勧めたい。あるいは、学習者と**「もし間違えた場合、どういう直し方をするか」**について、約束をしておくのも一つの方法だ。

まとめて直す場合は、学習者の発話を聞きながらメモを取り、後でそれを見て伝えることになる。しかし、これはやってみると案外難しい。しかし、難しいからといって放置しておくと、その間違いが固定化されてしまい、後でいくら直しても直らなくなることがある。

繰り返し起こる間違いを「化石化」と言う。日本語が相当に上手な外国人でも、この「化石化」はいくつも見られるから、初期のうちに間違いは適切に直したい。

これは、自分の授業の失敗についても同じことだ。授業そのものも恒常的に手を入れないと、やはり化石化が生じる。

実況中継──5　最後にことばのゲームでまとめる

さて、時間はあと20分ほどしかありません。

何とかここまで進めた平野さんは、準備しておいた最後のものを出しました。それは、トランプくらいの大きさに切った八枚の紙でした。

八枚は、同じ二枚ずつの絵の四組のペアからできています。

それぞれの絵には、【図6】のように教科書の第1課の登場人物が、名前・国籍と共に平野さんの手書きで書かれています。

裏面には、何も書いてありません。

平野さんは、これを裏向きにして二人の間に置きました。八枚の白い紙が、テーブルの上に並びます。

サマーズさんは、何が始まるんだろう、と見ています。

「レッツ・プレイ・コンセントレーション（じゃあ「神経衰弱」をしましょう）」

そう平野さんは言いました。もちろんコンセントレイション（神経衰弱）という単語は、予習の時、和英辞典で調べたものです。

平野さんは続けます。

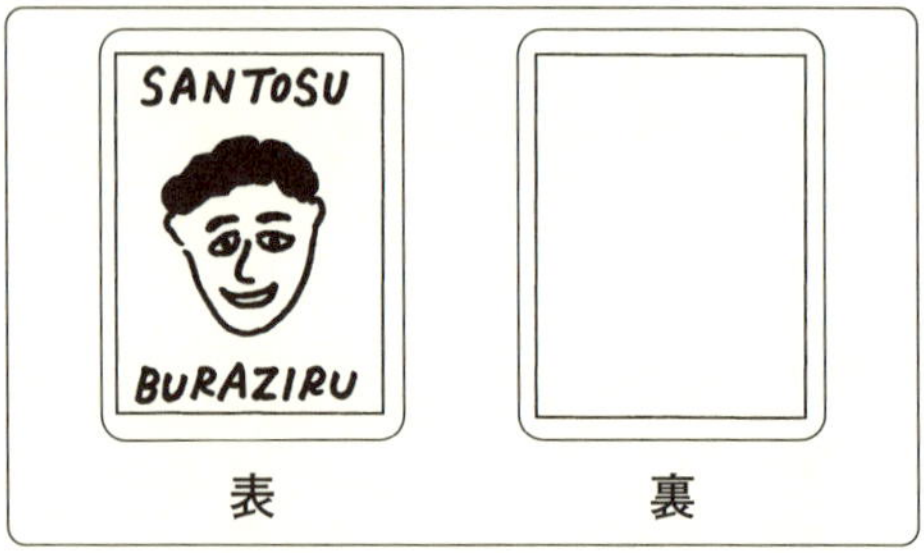

【図6】

「イフユー・マッチ・カーズ・アンド・キャンテルピープルネイム・ユーキャン・テイク（もしめくったカードがマッチしていて、その人の名前と国籍が言えたら、それはもらえます）」

「Alright! Let's begin!（分かったわ、始めましょう！）」

サマーズさんは楽しそうにそう言い、離れた二枚をめくりました。

取ったカードは「ブラジルのサントスさん」と「ドイツのシュミットさん」です。

サマーズさんは残念、というふうに両手を広げてカードを戻します。

今度は平野さんがめくります。

めくったカードは「インドネシアのカリナさん」と「ブラジルのサントスさん」でした。

平野さんもカードを元に戻します。

「Bingo!（やった！）」

サマーズさんは大喜びで、前の「サントスさん」と、平野さんが戻したばかりの「サントスさん」を引き当てます。そしてカードを見ながら、

「こちらは、サントスさんです。ブラジル人です」と言いました。平野さんは、

「はい、どうぞ」と言いました。

サマーズさんは全然違う二枚をめくり、今度は「タイのタワポンさん」を引き当てて、また「こちらはタワポンさんです。タイ人です」と言ってカードを取りました。

そして次に平野さんがミスしたカードの場所を覚えておき、結局「インドネシアのカリナさん」「カナダ人のミラーさん」のカードも全部取りました。

「ユー・ウィン！（サマーズさんの勝ちですよ）」

そう平野さんは言い、壁の時計を見ました。

時刻は十一時四十分、予定の1時間半をとうに過ぎています。

やり残したことないかな、そう平野さんは考えて「教え方メモ」を見ました。

最後に習った文を言ってもらう

と書いてあります。

「センテンス・ユーラーン・トゥデイ・プリーズ？（今日習った文、お願いします）」

平野さんはそう言いました。

疲れて英語が変になっていますが、サマーズさんは気にせず、

「Okay. はじめまして。私は、メアリー・サマーズさん、ノー、メアリー・サマーズ、です。わたしは、カナダ、人です。わたしは、日本人じゃありません。どうぞよろしく」

つっかえつっかえでしたが、サマーズさんはそう言いました。

「はい、よくできました！」

平野さんはそう言い、何だか胸が熱くなりました。

けれどサマーズさんが、

「Thank you! You taught me excellent way!（ありがとう。あなたも素晴らしく上手に教えました）」と言ったので、自分が何だか評価を受けているようなちょっと妙な気持ちになりました。

しかし、サマーズさんの表情は晴れやかで、悪意があるとは思えません。

また来週、この時間で、と約束し、サマーズさんを送り出してから、平野さんは居間に戻り、イスに座りました。

その途端、自分がこの数年なかったほど緊張し、神経を使っていたことに気づきました。

（神経衰弱で、神経、衰弱…）

わけの分からない同語の反復を心でつぶやき、平野さんはテーブルに突っ伏しました。

つけっぱなしのテレビ画面では、ダニエル・カールさんが笑いながら手を振っています。

平野さんの授業デビューが、終わりました。

【指導のポイント―5】

アクティビティの用い方

平野さんの授業で最も評価すべき点は、最後の「神経衰弱ゲーム」にある。

というのは、ゲームの上であっても、サマーズさんは自主的に日本語を使わなければならない状態に置かれたからだ。

このように、「～は…です」くらいの単純な文を言うだけにせよ、学習者に習っていることばで創造的なコミュニケーションをさせる活動を「アクティビティ」と呼ぶ。

たとえばサマーズさんは、せっかく取れた神経衰弱のカードも、それが誰でどこの国の人かを、日本語で言わなければカードが取れず、負けになってしまう。別に勝ったからといって何かが大きく変化するわけではないが、勝ちたいと思う心はほとんど誰でも持ち合わせているから、それがことばの自発的な使用を後押しすることになる。

つまりアクティビティとは、**「限定されたルールや状況のもとで、自主的なコミュニケーションを促す活動」**を意味する。

初級のアクティビティには、平野さんが試みたカードゲームや、話し手どうしの情報の差（インフォメーション・ギャップ）を利用したもの、あるいは役柄を決めて話をさせる「ロールプレイ」などがある。アクティビティという考え方は、コミュニケーション中心の外国語教育では大いに役立つし、それなしでは成立しないほどの大きな位置を占めるようになっている。

しかしそれでも、教え手が考えなければならないことがある。

それは、すべての学習者にアクティビティが万能なわけではない、ということだ。

たとえば日本語でコミュニケーションをしたい、と希望する学習者であっても、ゲームの類は苦手だ、という人もいるかもしれない。学習者の中には、ある種のアクティビティを稚拙だと感じたり、自分のニーズとは合わないと考えたりする人もいるものだ。場合によっては、文法説明と、単調な文を作らせる「ドリル」だけで授業を展開することも、要求されるかもしれない。

しかし外国語の授業は、ここまでがドリル、ここからがアクティビティ、ときれいに分かれるものでもない。ドリルの形態でも、創造的なことばの使用を促すものは数多くあるし、何より十分なドリル練習を前後に行わない限り、アクティビティは成功しない。

定番の教科書でも、各課の基本は文型説明とドリルだけから成るものがある。

これは、アクティビティは「ある方がよい」が、文型説明とドリルは「なくてはならない」ことを示している。

昨今、初中等教育の世界では「ゆとり教育」「個性溢れる創造性」といった題目のいわばアンチテーゼとして、構造性を持つドリルをさせることや、丸暗記させることの重要性が言われ始めている。

日本語教育の枠組みでこれを言い換えると、文型をきちんと理解させること、ドリルでそれを定着させることなしには創造的なコミュニケーションなど不可能だ、ということになる。

これは現場の視点に立った、まっとうな考え方だ。

★　　★　　★　　★

平野さんは苦戦しながらも、サマーズさんが日本語学校に通い始めるまでの二カ月間、十七回に渡って個人授業をやりました。その後も、カナダ人とアメリカ人の主婦二人を紹介されたのでこの人たちも引き受け、とうとう「日本語を教えること」が生活の一部になってしまいました。今はまだ自己流ですが、もう少し体系的に日本語の教え方を勉強しようか、と思っています。

またサマーズさんとは家も近いので、日本語と英語でおしゃべりをする友人になりました。先日はサマーズさん夫妻の誘いで、平野さんと娘さん、それに大緊張のご主人とで、箱根へ日帰り旅行に行ってきました。

二、今井さんの教え方

実況中継―6　準備したことが通用しない

月曜日の朝、今井さんは公民館の会議室でイスに座り、生徒さんを待っています。

手にしているのは、二人の生徒さんからファックスで送り返されてきた「何を知りたいのか」です。しかし、どちらも手書きで書いてあり、今井さんにはあまり分かりません。

分かったことといえば、

- **トルコ人の生徒さんはチャダッシュさんというファッション・デザイナー**
- **インドネシア人の生徒さんはイルマヤニさんというビジネスマンで「ビジネス日本語」を学習希望**

ということだけです。

地方営業のついでに温泉に立ち寄るのが趣味、特技は書道、布団でないと眠れないという今井さんにとって、外国人と向き合う恐怖は、ほとんど鎖国時代の人々のソレと同じでした。決して少なくない人生経験ですが、これまでトルコ人ともインドネシア人とも面識はありません。（嗚呼、何といふ大それたことを引き受けてしまったのだらふ）などと、なぜか独白すら旧假名になってしまったとき、ノックの音が聞こえました。

背のかなり高い男の人と、やや背が低く、口ひげをたくわえた男の人が、部屋に入ってきました。

「チャダッシュです、はじめまして」

と、背の高い方の生徒さんが低い声で言います。

（なぁんだ、話せるのか）

生徒さんの上手な発音にいくらか拍子抜けした今井さんは「日本語、どこで勉強されたんですか」と聞きましたが、チャダッシュさんという人は、それには困り笑いのような顔をして両手を広げるばかりです。

一方、背の低い口ひげの男の人は、機嫌良さそうに微笑みを浮かべています。「おはようございます」と、今井さんは話しかけてみましたが、その人は穏和な表情を崩さず、黙って今井さんを見つめるばかりです。

（できないんだから、そりゃそうか）そう納得した今井さんは「イルマヤニさん？」と聞きました。

「はい、イルマヤニさん」と口ひげのその人はそう答え、いっそうニコニコしました。

（自分のことを言うときは、「イルマヤニ」だけでいいんだけどなあ）今井さんが、それを直しようもなく困惑していると、なぜか隣のチャダッシュさんもニコニコして、

「いるまぁ、やにさん！」と、今井さんに言います。

どうやら「いるまやにさん」を挨拶か何かと勘違いして真似しているようです。（まあ、いいか、後で）と、今井さんは息をつき、二人にイスをすすめました。

二人は教科書どころか、ノートも持っていません。手ぶらです。

今井さんは〝ハロー、アイアム・イマイ〟と言おうと思いましたが、少なくともトルコ人のチャダッシュさんの方は「チャダッシュです」と言えるのに気がつき、

「今井です、初めまして」と言って、名刺を差し出しました。

これは昨晩、今井さんが考えついたアイディアで、生徒さんが「ビジネス日本語」を習いたいのなら、自己紹介のついでに名刺の受け渡し方も教えてしまおう、というものです。名刺の裏には、手書きで英訳をつけました。

今井さんは両手で丁寧に名刺を差し出しましたが、チャダッシュさんは何も言わずに片手で受け取り、裏の英語を見ています。今井さんはちょっとムッとしましたが、そこは元

事務機メーカーの役員、決して表情に出しません。

続いてイルマヤニさんにも、今井さんは同じように名刺を渡しました。

イルマヤニさんは両手で受け取りましたが、ずっとニコニコしたままで、どうにも感情が読みとれません。


まあいいや、始めるか、そう思った今井さんは二日かけて準備した「教え方メモ」を開きました。

すると唐突に、イルマヤニさんの方も日本語を話し始めました。

「わたしは、インドネシア人です。今井さんは、日本人ですか」

今井さんはぎょっとして顔を上げました。イルマヤニさんも、チャダッシュさんと同様に、まったくの初心者ではないようです。

「はい、日本人です」と、今井さんはそう答えましたが、(こりゃあマズいなぁ)と冷や汗をかく思いです。

今日教える予定は「〜は…です」の文型です。それより先の準備はありませんから、それ以上のことをやろうとすれば苦戦は目に見えています。

とにかくここは二人がどれほど日本語が使えるのか、見きわめなければなりません。

そこで今井さんは、教科書の第1課「会話」のパターンで二人を互いに紹介してみることにして、イルマヤニさんに、こう言ってみました。

「イルマヤニさん、こちらはチャダッシュさんです」

イルマヤニさんは、すべて納得している、と言わんばかりの落ち着き払った態度で、

「初めまして。イルマヤニさんです。インドネシアから来ました。どうぞよろしく」と、チャダッシュさんに告げました。チャダッシュさんも、あたかも練習成果を試すかのように、

「初めまして。チャダッシュ・ギュープです。トルコ人です。どうぞよろしく」と答えました。二人ともアクセントは悪くなく、ことばもほぼ正確です。まるでここへ来る道すがら、この会話を練習してきたかのようです。いずれにせよ、二人とも第1課の文型は知っているようですし、その範囲でなら話もできるようです。

【指導のポイント―6】

少しできる学習者を教える場合

今井さんが直面しているケースは、決して珍しいものではない。

短期間でも日本にいる学習者の場合は、挨拶や数字のようなサバイバルのことばや表現ならいくつかは知っているはずだ。ただし、まとまった学習をしたことがない場合、こういう学習者はやはり自らを「未修の初級者」と位置づけるだろう。

こういうケースに出会った場合、実際に対処する前に覚えておきたいことが三つある。

まず一つは、第一印象にひきずられないことだ。

いくらテレビなどで見慣れているとはいえ、たとえば「先生、ちょっと待って下さい」などと、外国人が少

しでも日本語を話すのを目の当たりにすると、経験が浅い教え手の場合（この人は途方もない日本語力を持っているのでは）と誤解してしまう。そうなると相手に対する適切な判断ができなくなってしまうから、何よりも冷静に相手を見きわめよう、という気持ちを持ち続けることが大切だ。

二つ目は、丸暗記したフレーズを言うことと、それを応用することは違う、ということだ。右に挙げた「ちょっと待って下さい」を例に取ると、生活上のやりとりだけで日本語を覚えた学習者の多くは、

●ちょっと＝少し

●待って＝動詞「待つ」の変化した形

●〜下さい＝依頼を示す文末の表現

のように理解しているわけではない。だからそれをちょっと変えた「ちょっと言ってください」は理解できないかもしれないし、「少々お待ち下さいませ」に至ってはお手上げだろう。

これらの暗記したフレーズは、コミュニケーションの水面を漂う浮き草のようなものだ。ある場面では役に立つかもしれないが、それだけで会話を進めていくには頼りない。教え手としては「これはマスターしている、終わっている」と考えたりせずに、その浮き草を上手に地面に移し、根を伸ばして応用が効くように仕立てなければならない。

三つ目は、前述とは逆のパターンだが、理解していることとそれを運用することは違う、ということだ。僕は毎年、60人ほどの留学生に新しく日本語を教え始めるが、たとえば「国で初級の教科書は終わった」と言う学生であっても、その習った表現や文型が聞き取れ、口頭で言える学生はほとんどいない。

つまり、過去に学習者がある事項を習った、と言った時、その事項を再び教える必要はないかもしれないが、

練習させる必要はある、ということだ。英会話を習った経験がある人は少なくないだろうが、授業中、そこで出てくる多くの事項は中学や高校で既に学習したことだろう。英会話のクラスですることは、それらの口頭の練習に他ならない。つまり日本語を教える場合でも、学習者が過去に習ったこととの重複を極端に避ける必要はないことになる。

ではこれらを踏まえて、学習者の日本語力を見きわめるには、どうしたらいいだろうか。

通常の場合は、教科書の内容について、少しずつ問いかける方法が主流だろう。経験が浅い教え手の場合は、文型を積み上げていく教科書の方が使いやすい。

教え手は、学習者が分かっていない事項があったら、それをチェックする。ただし見きわめを行う場合には、すぐにそこから教え始めずに、もう少し先まで進んでみると良い。まったく分かっていないところまで来たらそこを開始点とし、それ以前のところを取り込みながら始めれば良いだろう。

これは簡単なことではないし、学習者のニーズと異なることがあるかもしれない。しかし個人指導の場合であっても、目先の要求に振り回されるのではなく、その学習者が自分の元を離れた後でもしっかりした日本語が使えるようにすることだ。そうすれば長い目で見て、学習者の真のニーズに答える結果になる。

実況中継―7　突然の要望「漢字を習いたい」

さて、トルコ人のチャダッシュさんは、着ていたジャケットのポケットから、何やら紙を取り出しました。

それは漢字が書いてあるプリントでした。漢字の説明に加えて、何やら英語が書いてあります。

「わたし、かんじ、かんじ」

チャダッシュさんはそう言い、ジャケットのジッパーを下に降ろして前を開けました。

すると下に着ていたTシャツには、何やら漢字が書いてあります。大きさも形も不揃いですが、よくよく見ると「茶打朱」と読めます。

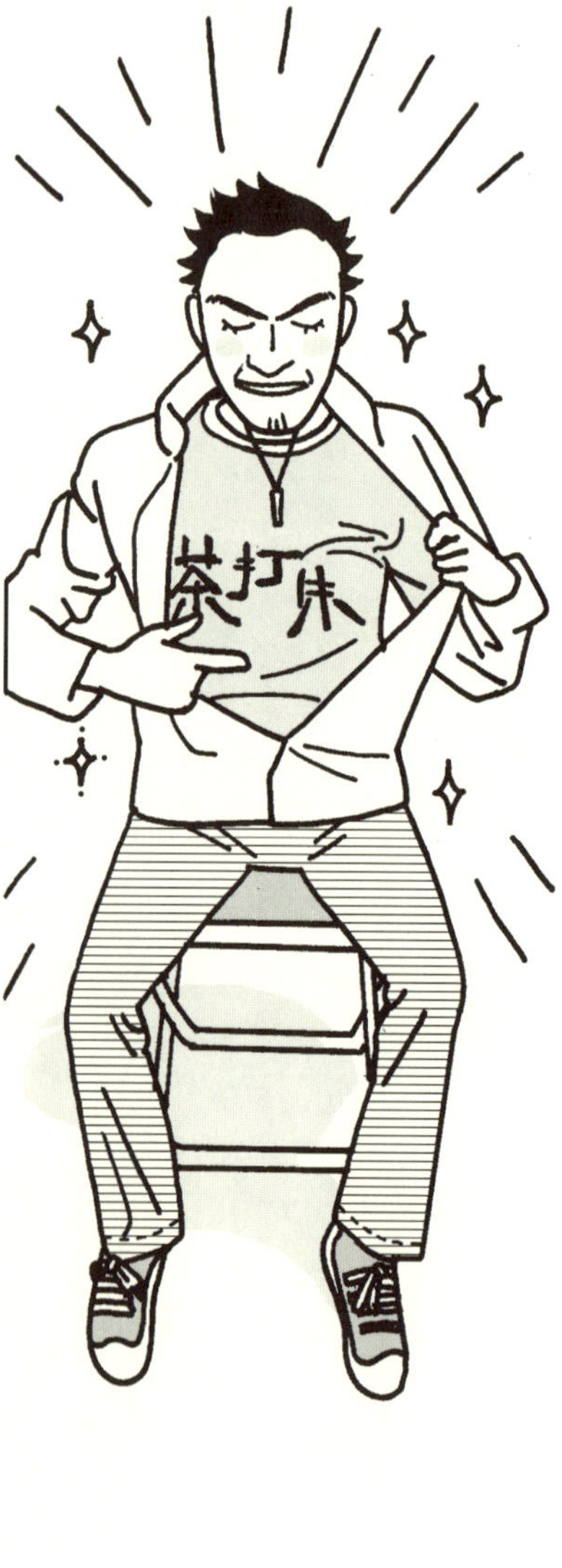

「ちゃ…だ、しゅ…。ああ、あなたの名前ね」と、今井さんは言いました。

「わたしは、デザイナーです。かんじ、かんじ、かんじ」

繰り返し、チャダッシュさんは答えます。デザイナーだから漢字に興味があるのか、あるいはこれが彼のデザインしたTシャツなのかは分かりませんが、とにかくチャダッシュさんが漢字を習いたいことだけは、伝わりました。

一方、インドネシア人のイルマヤニさんは、

「かんじ、はい、かんじ、」と言い、変わらずに微笑みを浮かべています。

これだけでは、イルマヤニさんが漢字の勉強はもう大丈夫なのか、それとも漢字を勉強することに異存がないのか、よく分かりません。

（漢字、ねぇ）横文字が苦手な今井さんは、英語よりは、漢字の方が数段、得意です。書道にも腕に覚えがあり、現役ビジネスマンの頃、社内の表彰状書きはすべて今井さんに依頼が来たものでした。しかし外国人に漢字を教えるとなると、問題は別です。

そういえば自作アンケートの「習いたいこと」の答えに何とかキャラクター（漢字＝チャイニーズ・キャラクター）、と書いてあったことを、今井さんは思い出しました。しかし読みにくい英語だったので、それは放っておいたのです。

（どうしたもんだろうか）

チャダッシュさんのコピーした紙には「日・月・木・山・川・田・人・口」という漢字と、その読み方や書き順、さらにそれらの字を使った単語が出ています。どうやら外国人向けの漢字教科書をコピーしたものらしく、「日」なら sun, day などと英語の意味もついています。

イルマヤニさんも、興味深そうにそれをのぞき込んでいるので、漢字の勉強から入っても異存はなさそうです。

今井さんは、学生時代、国語の先生が「鬱という字は書くだけで鬱になるぞ」と、冗談を言っていたのを思い出しました。しかし今、この瞬間は「日」の一字だけで鬱になります。漢字を外国人に教える、それも準備なしで、となるとどうしたものか見当もつきません。

「はい、じゃあ始めましょう」と今井さんはチョークを持ち、なるようになるか、と黒板に大きく「日」と書きました。

予想もしなかった展開です。

文の形を教えるはずでしたが、突然、文字学習の日になってしまいました。

イルマヤニさんが「日」を指さして聞きます。

「それは、何ですか」

(なるほど、「これ」じゃなくて「それ」だよなあ。自分の手近じゃなくて、こっち側にあるからなあ)と、今井さんは感心して、イルマヤニさんに答えました。

「これはね、太陽、お日様です」

「たいよ?」と、イルマヤニさんが聞き返します。

「ひさま?」と、チャダッシュさんも聞き返します。

(そりゃあ、まあ、分かるわけないか)

今井さんはそう思い、カーテンを開けました。

そして十一時の方向にある太陽を指さして、こう言いました。

「あれです。あれが太陽です」

二人は納得したようです。

今井さんはふと思い出し、黒板に☼と、太陽の絵を書き、それに↓をつけて「日」を書きました。

【指導のポイント―7】

外国人にとって難しい日本語の表記と単語を改めて考える

今井さんは右で
「これはね、太陽、お日様です」
という説明をしたが、日本語のある単語に関して、教え手は、単語の難しさや書き方、またそれが入るカテゴリーについて、知識を持っている必要がある。

①　単語の難しさ

たとえば「太陽」という単語は、外国人のための日本語能力試験では「中級以降」つまり2級レベルの単語とされる。ここで疑問になるのは、「2級レベル」であることの正当性だろう。言い換えれば、いったいどのような経緯で誰が定めたのか、ということだ。

日本語能力試験の初級語彙選定をした委員は、内外の主要な日本語教科書から重なりのある語を取りだし、さらに他の基礎資料を参考にしてリスト化した。日本語の教科書というものが現代日本語の日常のことばをどこまでカバーしているかは異論があるところだが、改訂も加えられたのでこの基準はほぼ妥当なレベルだ。教え手としては、リストに敬意を払いつつ、学習者には他にどんな単語が必要なのか、またそれをいつ教えるか、を考えるべきだろう。

② 単語の書き表し方

またことばの書き表し方、つまり表記についても押さえておく必要がある。

たとえば「太陽」の類語である「お日様」「お日さま」「おひさま」は、この表記のどれでも許容される。日本語では、和語にひらがな、漢語に漢字、狭義の外来語にはカタカナがだいたいは対応している。しかし漢字には訓読みがあるし、例外もたくさんある。たとえば和語の「ねこ」や「かぶとむし」は、「ネコ」や「カブトムシ」の方が普通だし、「猫」「カブト虫」のような、漢字の表記や混合表記もある。亜細亜大学を「アジア大学」と書いたら関係者に注意されるだろうが、大分県には「立命館アジア太平洋大学」があり、「立命館亜細亜太平洋大学」ではない。また、名詞にある種の甘さを加えたい時には、女子校の文化祭で見かけるような「ふぁんたじっく・わーるど」などの表記も採用される。

つまり、日本語には送りがな・かな遣いの規範があり、また「こう書くべき」という基準はあるかもしれないが、厳密な意味での正書法はない。そして正書法がないことが、漢字かな交じり文でさえ難しい日本語の表記を、外国人にとって一層難しいものにしている。

さらにこの20年ほどで頻繁になった日本語の表記は、かなでも漢字でもなく、アルファベットだ。外来語の単語をそのまま書く場合もあるが、たとえば「さくら」を「SAKURA」と書く例が増えてきている。

カタカナ表記やアルファベット表記の氾濫を教える時、僕はよくルミネやパルコといったファッション・ビルのフロア案内を貰ってきて使う。入店しているブティックの名前は、ほぼすべてがカタカナ表記かアルファベット表記だから、学習者にこのような現状を伝えるには最適だ。

③ 単語のグループ

また、単語がどのグループに所属するのかも知っておきたい。

たとえば「太陽」は中国から来た語、つまり漢語だが、日本語はこれをすさまじく消化してきた。まずオリジナルの音、つまり音読みを使い、訓読みという日本語の音も発案した。時代が変わり、オリジナルの音が変わると、それも拒まないで使った。「行進」のコウは漢音、「行列」のギョウは呉音、「行脚」のアンは唐音だ。一つの漢字に複数の読みが対応するということは、同じ漢字の採用国でも、韓国にはほとんどない。さらに社会の必要に応じて国字も作り、ついには「社会」だの「郵便」だのと新たな造語をして本家に輸出する始末だ。このように千年以上に渡って漢語を「使い倒す」ことで、日本語は多彩な表現を獲得してきたといって良い。

漢語は広義には「外来語」だが、狭い意味での外来語とは、もちろん、欧米語から取り入れたことばだ。日本語の教え手として外来語について持つべき主要な知識は、次の二つである。

一つは、外来語は原則的に、「テニス」のような一般名詞、「モニターする」のような「する動詞」、「インターナショナルな」のような「形容動詞（＝日本語教育ではナ形容詞）」にしか入り込まないということだ。近年

「広辞苑」入りを果たした「パニクる」にしても、動詞の活用は通常の日本語の枠で処理できるから、穏やかな入りこみ方といえる。

二つ目は、欧米から来た外来語は音のレベル・語を形成するレベル・意味のレベルで変容しているから、逆に「輸出元」の外国から来た人には分かりにくいものが多い、という点だ。

音のレベルは、元の音を、日本語の音のシステムに組み入れるのだから当然、変化する。短い音の単語であっても、たとえばfan→ファンではだいぶ変わるし、年代や地域などで、発音の差も生じる。

語を形成するレベルでは、単語が分解されて複合語になったり、あるいは略語になったりする時に分かりにくい語が誕生する。パソコン（personal computer）、エアコン（air conditioner）、マザコン（mother complex＝和製英語）の「コン」は、それぞれ違う単語に基づいて作られている。

さらに意味の変化については、かなり注意して教えないと思わぬ誤解が生じる。右にある「コン」の続きであれば「合コン」はcompanionを語源に「パーティ、飲み会」の意味に変化したものだ。また「バックミラー（rearview mirror）」「バトンガール（baton twirler）」のように、これは大丈夫と思えるものでも実際はそう言わないものや、異なる意味のものがあったりする。だからカタカナ語を教える時には、どんな語であっても辞書に当たっておいた方が良い。

漢語・カタカナ語という外来語を受け止めるのが、日本に昔からあるオリジナルのことば、すなわち和語だ。和語は名詞のレベルだけでなく、いわゆる「てにをは」や「です」で日本語の構造を支えているから、その存在感は圧倒的なものがあるし、そうたやすく揺らぐものではない。日本語能力試験のシラバスでは、4級語彙である約800語のうち和語は約580語、つまり約70パーセントを占めている。

このように和語・漢語・狭義の外来語が、日本語の語彙を主に支えている以上、教え手としては、「こまりごと・困難・トラブル」のように、ある概念やものごとを二種類あるいは三種類で頭に位置づけておくことが大切だ。「太陽」「お日様」であれば、対応する外来語は「サン」で、これは一語では使わないにせよ「サングラス」「サンルーム」のように、複合語では使われている。

誰の頭の中でもそうだが、それぞれの単語はアイウエオ順やアルファベット順ではなく、さまざまなカテゴリーの複合体として整理されている。先に述べたように、「太陽」であれば天体のカテゴリーとしては「月」「地球」「星」の一つという位置づけだし、「丸い」「暖かい」「赤い」といった属性とも関わっている。「月」にしても同じような他の多くのごとのつながりの中に位置づけられるし、「暖かい」のような形容詞には反意語（寒い）・類義語（暑い）のカテゴリーとも関わってくる。

この意味で、脳内のことばのネットワークは、宇宙にもたとえられる。似た意味、同じ意味のことばを和語・漢語・外来語で整理する試みは、いわば個人的な宇宙の再編成というべき壮大な作業だ。

この作業は、ことばの説明をする時に役に立つ。今井さんは「太陽」という漢語、「お日様」という和語を並べて説明していたが、直接法で大切な技術の一つは、日本語の単語を教える場合に、学習者が知っている単語だけを用いて、その意味を教えることだ。このような言い換えには、何と言っても和語が役に立つ。

母親が子供にことばの意味を教える時も、ほとんどは和語で説明されている。日本語の教え手であれば、その能力を顕在化させて質問に備えたい。

もちろん媒介語を用いるなら、対応する訳語を言えばそれで済む。しかし中級以上の学習者になれば、習っていることばで新語の意味を聞くことは重要な活動の一つだから、ぜひ身につけたい技術だ。

日本語にはカタカナ語を中心にどんどん新語が入って来ており、またそれらはさまざまな表記で示される。だからたとえば「家事手伝いロボットCR-3の読み取り専用メモリー」のように、和語・漢語・外来語、さらにアルファベットの混在は、ますます頻繁になってくるはずだ。とまどう学習者にどうやって楽しく、役に立つように学ばせるか、日本語の教え手として単語の指導は実力が問われる部分である。

実況中継―8　即席「漢字教室」

さて、チャダッシュさんが持ってきた漢字のプリントには、小学生の練習帳のように点々で字をなぞる部分がありました。彼一人がそれを始めたので今井さんはそれを止め、自分とイルマヤニさんのために、コピーを取ることにしました。

事務室のコピー機が動き出すまでの間、今井さんは漢字って何を教えるんだろう、とあれこれ考えを巡らせていました。

読み方はもちろん、意味も大切だし、場合によっては書けるようにもしなければなりません。せっかく準備した「AはBです」の教え方メモは使わなくなりましたが、まあ今日だけだし、と今井さんは腹を括り、コピーを持って部屋に戻りました。

二人は水性ペンを持ち、仲良く小型のホワイトボードに向かい合って「日」を書いています。しかし、チャダッシュさんは書き順がめちゃくちゃです。子供が四角形を書くように輪郭を一筆で仕上げ、それから中の棒を入れています。イルマヤニさんはもっと大胆で、口の部分は丸で済ませて、中

は短い棒です。象形文字には近いようですが、あまり漢字には見えません。

（前途多難だな、こりゃ）今井さんは心の中だけでため息をついて、二人に呼びかけます。

「はい、チャダッシュさん、イルマヤニさん」と、今井さんは呼びかけました。二人は顔を上げます。

今井さんはもう半世紀以上も昔、近所の書道の先生から習ったことを思い出して、こう言いました。

「漢字は、上から、下です」

そしてチョークを持ち、さっき書いた「日」の隣のスペースに、ゆっくりと縦線を引きました。

二人は、おおっという顔をしています。今井さんが手にしているのはチョークですが、そこに名人の筆使いに似たものを見ているようです。今井さんは指先を上に向け、

「上から」

と言い、それから
「下です」

と今度は下に向けました。

漢字が好きらしいチャダッシュさんは、さっそくペンを手にして、上から下に線を引きます。しかし何というか、線の終わりが止まらずに、ペン先が紙から離れていきます。いわば「川」の左部分を書くような「払い」になっています。

今井さんは辛抱強く営業マン時代の笑顔を作り、それを絶やさずに、

「チャダッシュさん、いいですねえ」と、誉めながら隣に近づきました。

そしてペンを借りて、ゆっくりと、

「上から、下です。そして、ここは、ストップです」と、線の最後を「止め」にしました。

チャダッシュさんは再びゆっくりとペンを持ち、縦線を書き始めました。今度は「止め」ができましたが、書くスピード全体が異様に遅く、慎重に製図線を引いているかのようです。今井さんは普段は意識したことのない「書く」という行為が、こんなにも国ごと、文化ごとに違っているのか、と驚きを隠せません。

一方、それをのぞきこんでいたイルマヤニさんの方は、なめらかに縦線を引いています。「止め」も決まっているようです。

でも、縦線一本では漢字になりません。

今井さんは黒板の前に戻り、

「次は、左、レフト、から、右、ライト、です」と、言いました。

そして、チョークを手にして、縦線の始まりを起点に、横線を引きました。

さらに「曲がり」に入り、

「また、上から、下です」と、縦線を引きました。これで「日」の口までができたことになります。

チャダッシュさんとイルマヤニさんは納得した様子で、プリントの横に書き始めます。

あと一息です。今井さんはまたチョークを持ち、今度は、

「はい、また左から、右です」と、「日」の中棒を入れていき、

「最後に、また、左から、右です」と言って、「日」を完成させました。

そして二人の背後に立ってペンの運びを見つめました。

チャダッシュさんは、筆順通りに書いています。しかしイルマヤニさんは、「口」を作ってから中棒を入れています。

今井さんは内面の動揺を隠し、ニコニコ笑ってイルマヤニさんの肩をポンと叩き、

「イルマヤニさん。上から、下です。上のライン、から下のライン、です」と、言いました。縦線の「上から下」のルールで言ってみたのですが、これは効き目があったようです。

イルマヤニさんは書いている途中の字をボールペンでぐしゃぐしゃと塗りつぶし、再び「日」にかかりました。

「口」が正方形ですが、とにかくイルマヤニさんの「日」が完成しました。

一方、チャダッシュさんの「日」は、バランスこそいいものの、緊張して書いたらしく、ペン先が紙面を「彫って」いました。けれど筆順と終筆の「止め・払い」などを教えるだけで、書いたものが図形ではなくて漢字に見えてきます。

今井さんはまたチョークを持ち、

「はい、ワン……ツー……スリー……フォー」と言いながら、黒板にまた「日」を書きました。そしてその時、チョークを手にしたまま、自分でも説明のつかない感情に不意に襲われました。

英単語を混ぜた我流の教え方。得意な筆の運びと、不得意な英語とのミスマッチ。即席の教え方なのに、熱心に真似をしてくれるトルコ人とインドネシア人。

それは、実社会ではやるだけのことをやり、それなりの達成感があった自分が日本語の教え方はまるでなっていないことを自覚する一方、そんな自分でも、今、二人の外国人に必要とされているんだ、ここから何かを始められるんだ、という大きな思いでした。

（まあ、やるだけは、やってみようか）今井さんはそう思い、

「じゃあ、また、日本語をしましょう」と言って、漢字を切り上げました。

チャダッシュさんとイルマヤニさんの「日」は、お世辞にも上手とは言えませんでしたが、今井さんには何だかピカピカと光っているように見えました。

【指導のポイント―8】

漢字の教え方

今井さんは今、漢字を教えている。

一般に外国人学習者が漢字に接したときの驚きというのは、たとえば僕たちがアラビア文字を初めて見た時の驚きに近いものがある。

日本語を「外国語」として学ぶ場合、表記は本当に難しい。特に漢字は、

- **字形が複雑なこと**
- **文字そのものが音だけでなく、意味や概念をもっていること**

に加え、日本語では、

- **読み方も、二つかそれ以上ある場合があること**
- **ひらがなやカタカナのまざった文中に埋め込まれていること**

が特徴となる。漢字を産みだした中国でさえも、今では字の複雑さをある程度まで放擲し、読み方だって一字につき一つなのだから、日本語の漢字の複雑さ、そして外国語の文字としてそれを学ぶ学習者の苦労が改めて分かるはずだ。

漢字は、学習者の事情によっても教え方が変わってくる。

まず「漢字圏」と呼ばれる、漢字を使う国や地域の人は、それらに注意するだけで良いのだから、非漢字圏の人と比べて、学び易さは明らかだ。もちろん、日本の漢字とは読み方や意味に相違があり、たとえば朝鮮

（韓国）語の「愛人」は「配偶者」の意味だから、韓国人の学習者が日本語を学ぶとこの件で一悶着ありそうだし、中国語の「手紙」はティッシュペーパーのことだから、これはほとんど「やぎさんゆうびん」の世界である。

しかし日常で漢字を用いない「非漢字圏」の学習者には、ある文字が音と共に意味も含む、という漢字の概念そのものから理解してもらわなければならない。口頭の練習で手いっぱいな普通の授業では、どうしても十分な指導ができないのが実情だ。

だから自習用も含め、漢字教材の出版物はかなりの数に上る。多くの教科書に文字学習のための別冊があるが、単体として最も人気がある一冊は、チャダッシュさんがコピーを持ってきた『BASIC KANJI BOOK』（全二巻・凡人社）だ。漢字教材は目通しをして、自分が漢字を覚えた過程と比べて何が同じで何が違うのか、考えてみると面白い。

今井さんの授業をもとに、漢字の教え方も考えてみたい。

当たり前のことだが、日本語の文は漢字だけでは表記できない。つまり、日本語の表記の基本はあくまでかなであるから、漢字は「字」として教えるだけでは意味がない。日本語の漢字は本家である中国の漢字とは違って、かなや他の漢字と組み合わせない限りは使いようがない。だから、漢字を教える前にかなを教えなければならない。この点で今井さんは失敗したが、要望が急だったことを考えれば仕方がない（日本語教育の授業は毎回が理想と現実のせめぎあいである）。

かなは漢字を崩したり、一部を持っていったりして作った表記だから、かなをやってから漢字を教えると、漢字の学習はある種の「復元」「合体」という学び易さを帯びる。特にカタカナは、「カ」のはねるところや

「ス」の払いなど、そのまま漢字の一部を構成している部分が少なくない。学校で、「ヨエロ＋寸＝尋」といった漢字の覚え方をした人も少なくないだろうが、これは日本語の学習者にもそのまま使える。

漢字を教える際の二大ポイントはもちろん「どう読むのか」「どんな意味なのか」であり、漢字のいわば「所属先」である部首は、この二つの導入が終わってからになる。読み方は音読みと訓読みがあり、複数あるのが普通だから、ここを学習者に抵抗なく教えるのが難しい。

意味は、たいてい教科書に媒介語で書いてある。ここではある漢字が、自分が教える学習者の母語ではどんな概念に対応するのか、摑んでおくことだ。たとえば「朝」ならモーニング（morning）だがダイナスティ（dynasty、王朝）でもあることなどは、指摘されれば気づくが、普通は意識していない。

この二つが終わったら、書く指導に入る。漢字を読めるようになることが学習者の目標であっても、手を使って書いてもらうことは必須だ。外国人の学習者もいずれはワープロソフトで漢字を「書く」とはいえ、やはり初期の学習では、書いてもらった方が定着は良い。日本人でも、右から左へ書くアラビア文字を眺めているうちに覚えられる人は、まずいないだろう。

学習者が一字ずつを理解したら、最後は実際に使われるまとまり、つまり熟語単位で認識させたり、意味を取らせたりする。この場合も、たとえば「会社」と「社会」のように、順が代わるだけで意味が変わるものがあるから気をつけたい。

日本国内で学ぶ学習者にとって、今までは何が何だか分からなかった漢字が、徐々に読みとれるようになるというのは大きな喜びであり、学習を続ける動機づけにもなる。

教え手としては、学習者が目にしそうな漢字、つまり利用する駅名や町中の看板と教科書を関連させて、教える時にそれを紹介すると良い。授業で十分な時間が割けない漢字指導では、そのわずかな時間を契機にして、学習者が生活や仕事の場で漢字を使えるようにすることが重要だ。多少は時間がかかっても、学習者が「腑に落ちる」まで、漢字はていねいに教えたい。

実況中継──9 「誰の」「私の」を教える

漢字の指導を早々に切り上げた今井さんは、まだ当惑のさなかにいます。

会話の練習に戻ることを決めたものの、まったくの初心者だと聞いていた二人が、少しは日本語を話せるからです。

今日一回で終わりとはいえ、交代するときには、どんな生徒さんなのか、授業がどんな様子だったかは伝えなければなりません。ビジネスマンだった頃、今井さんは部下に、「ほうれんそう（報告・連絡・相談）」の大切さを、繰り返し教えたものでした。引退した今でもその癖は簡単に抜けません。

（どのあたりから、始めたもんかなあ）

今井さんは教科書の第2課をめくってみました。

「これは～です」という文型があります。

このあたりまでなら、予習というほどではないものの、目通しはしてあります。何とか相手ができそうです。

文型が並んだページを見ながら、今井さんは手に持ったペンを示して、チャダッシュさんに聞いてみました。

「チャダッシュさん。これは、何ですか」

間髪を入れずに、チャダッシュさんが答えました。

「それはペンです。今井さんの、ペンです」

「今井さん」のアクセントが「お母さん」のような感じですが、答えそのものは正しいです。

イルマヤニさんも続いて答えます。

「はい、そうです。それは、今井さんの、ペンです」

二人とも十分に話せます。それにしても「全くの初心者」という情報は、どこでどう伝わったものでしょうか。

今井さんは教科書をにらみつけたまま黙っているので、チャダッシュさんが、その教科書を指さして先に言いました。

「それは、本です。今井さんの本です」

イルマヤニさんも言います。

「はい、そうです。日本語の、本です」

（これも言えたか…この先に行くか）と、今井さんは決めました。

そして、チャダッシュさんに貸した自分のペンを指さして、最後の質問をしました。

「そうですね。じゃあ、そのペンは、誰のですか」

とたんにチャダッシュさんの表情が曇り、少し黙ってからこう答えました。

「あ、これは、ペンです。今井さんの、ペンです」

（ううん…そりゃ、まあ、そうだが…）と、今井さんは思います。

「誰**の**ですか」という質問には、普通なら「今井さん**の**です」のように答えるものです。また、「そのペンは」で始まる質問に対しても「このペンは」ではなく、「これは」で答えています。


そこで今井さんは、イルマヤニさんにも、同じ質問をしてみました。

「イルマヤニさん、このペンは、誰**の**ですか」

「はい、それはペンです。今井さんの、ペンです」

（やっぱりそうか）今井さんは確信します。二人とも、「これはわたしのペンです」は話せるようですが、「**この**ペンはわたし**の**です」というふうに「の」だけで「のもの」を意味する使い方は知らないようです。


今井さんは、この文型を教えることにしました。そこでまずイルマヤニさんの時計を示して、こう言いました。

「これは、イルマヤニさん**の**です」

するとイルマヤニさんは答えます。

「いいえ。これは時計です」

やはり、「〜の」で「〜のもの」という意味になる用法を知らないようです。

今井さんは、イルマヤニさんに答えました。

「そうですね。これは時計です。イルマヤニさんの時計です。…イルマヤニさんの、です」

そう言いながら、今井さんは、チャダッシュさんがさっき脱いだジャケットを指さして言いました。

「これは、ジャケットです。チャダッシュさんの、です」

「はい、わたしの、ジャケットです」

チャダッシュさんは言いました。

けれどチャダッシュさんは「の」のところを強く言っただけで、「わたしのジャケット」という言い方は残しています。

(何か良い説明の方法はないもんかなあ)

そう思っていた今井さんは、ふと思いつき、二人に聞きました。

「ええと、ひらがな、オーケイですか」

すぐにチャダッシュさんは答えます。

「はい、ひらがな、だいじょぶ」

漢字もそうですが、この人は文字が好きなようです。

続いてイルマヤニさんも首を縦に振り、こう言います。

「はい、そうです。ひらがなです」

今井さんはうなずきます。日本語を直したいところはいろいろありますが、今は教える部分を絞らなければなりません。

（とりあえず通じてるからいいか）そう考えながら、今井さんは黒板に、こんなことを書きました。

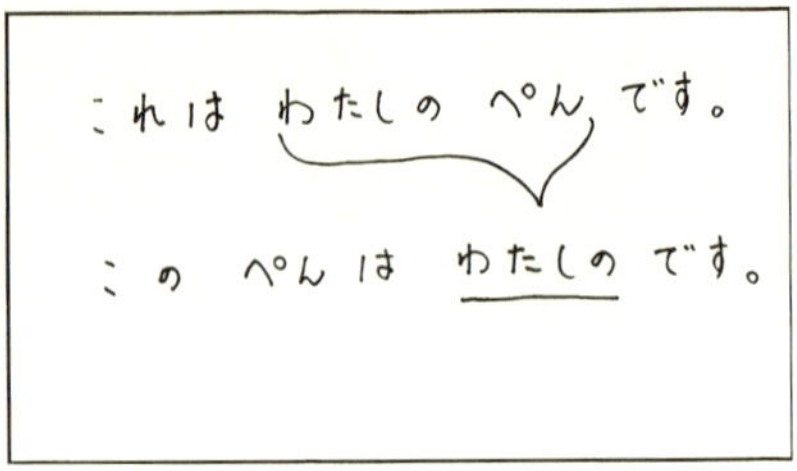
これは わたしの ぺん です。
この ぺん は わたしの です。

今井さんは初め、「ペン」をかたかなで書きましたが、念のため、ひらがなに直しました。ついでに「これは」の「は」も「わ」としようか、と一瞬思いましたが、いくら何でもと思い、これはその

ままにしました。

今井さんは二人に黒板を示し、近くのものを手に取っては、

「わたしのです。…このバッグは、わたしの、です」

「わたしのです。…この本は、わたしの、です」

「わたしのです。…この時計は、わたしの、です」

と、聞かせました。

二人は黒板と今井さんを交互に見、じっと説明を聞いています。

二人は10秒ほど黙り込みました。


今井さんがちょっと心配になった頃、イルマヤニさんがまず口火を切りました。

イルマヤニさんは、自分の時計を見せて、こう言いました。

「わたしの、です。この時計は、わたしの、です」

(できた!)

今井さんはびっくりします。ゆっくりゆっくりですが、文は正確です。

今井さんは、

「そうです。はい、じゃあ、チャダッシュさん」と、促しました。チャダッシュさんは口ごもりながら言いました。

「これは、わたしは…ジャケット、の、です」

どう直そうか、と今井さんが考えを巡らせているうちに、聞いていたイルマヤニさんがチャダッシュさんに言いました。

「はい、わたしの、ジャケット。でも、ジャケット、ノー」

えっ？　という表情で、チャダッシュさんはイルマヤニさんを見やります。

イルマヤニさんはニコニコと笑いながら、「これは、ジャケット、オーケイ？」と、チャダッシュさんに聞きます。

チャダッシュさんはうなずきます。

イルマヤニさんはゆっくりと、「ジャケットです」と言いました。

そして

「わたし」と自分を指さし、少し間を置いてから、

「の」と言って、ジャケットを指さし、

「です」と文を終えました。

聞いていたチャダッシュさんは、眼前の霧が晴れた、と言わんばかりの表情になりました。「の」だけで「〜のもの」の意味になることが分かったようです。

チャダッシュさんはさっそく自分の腕時計を指さすと、

「これは、時計です」

そして続けて、

「私、の、です」と言いました。

今井さんはうなずきながら、語と語の間にちょっとポーズを置いたイルマヤニさんの説明に舌を巻く思いでした。日本人である自分の説明（というより単なる繰り返し）よりも、ずっとツボを押さえています。

さらにイルマヤニさんは、借りたペンを示し、チャダッシュさんに、

「ディス・ペン。この、ペン。…このペンは、わたしの、です」と、英語のthisが「これ」だけでなく「この〜」も意味することも教えました。

チャダッシュさんは、なるほど、とでも言うようにうなずいて、

「この、ペン。はい、はい」

そう言って今井さんに向き直り、自分のジャケットを見せながら、

「この、ジャケットは、わたし、の、です」と言いました。

つっかえつっかえですが、今度は完璧です。

1
ジャケットです
2
わたし
3
の
です

今井さんはイルマヤニさんに感謝しながら、もう一つやってみました。

「チャダッシュさん、こちらは、だれ、ですか」

「はい、これは、イルマヤニさんです」

今井さんは、「これは」は「こちらは」に直しておこう、と思って言いました。

「そうですね。これは、ペンです。…これは、時計です。…こちらは、イルマヤニさんです」

今度はチャダッシュさんはすぐに理解してくれたようで、こう答えました。

「はい、こちらは、イルマヤニさんです」

イルマヤニさんもそれに答えます。

「はい、わたしは、イルマヤニさんです。こちらは、チャダッシュさん、です」

しかし、チャダッシュさんはなぜか言い返します。

「いいえ。わたしは、チャダッシュ、です。チャダッシュさん、じゃありません」

イルマヤニさんも負けずに日本語で言い返します。

「いいえ、あなたは、チャダッシュさんです。わたしは、イルマヤニさんです」

何だか訳が分かりません。


今井さんも訳が分かりませんでしたが、どうやらイルマヤニさんが、人名の後に「～さん」をつけるのはどんな時か、混乱しているらしいことに気がつきました。

そこで今井さんは、自分自身↓チャダッシュさん↓イルマヤニさんの順に指さして、こう言いました。

「今井、です。…チャダッシュさんです…イルマヤニさんです」

チャダッシュさんは我が意を得たり、とうなずき、今井さんと同じ仕草をして、こう続けました。

「チャダッシュです。…今井さんです…イルマヤニさんです」

二人のことばを聞いたイルマヤニさんは、自分の名を言う時には「さん」をつけないことを、ようやく理解したようです。

イルマヤニさんは手のひらで、自分、チャダッシュさん、今井さんの順に示して、ゆっくりと言いました。

「はい、はい。わたしは、イルマヤニ、です…チャダッシュ、さんです…今井、さんです」

今井さんはほっとします。

そこで、「私の」ができたので、「誰の」という表現も使えるかどうか、試してみることにしました。

今井さんは、自分のペンを手にとって、こう尋ねました。

「これは、ペンです。…これは、誰の…ですか」

二人とも考え込みます。

すぐに答えを言いたくなりますがそれを抑え、今井さんは辛抱強く待ちました。

やがて、チャダッシュさんが答えました。

「それは、今井さんの、ペンです」

今井さんはうんうん、とうなずき、

「これは、私の、です」と言いました。

そしてチャダッシュさんのジャケットを示して尋ねました。

「これは、誰の、ですか」

チャダッシュさんは、

「私の…です」と言いました。まだ、後に「ジャケット」を言いたいのを飲み込んでいるようです。

イルマヤニさんも、

「チャダッシュさんの、です」と言いました。こちらはスムーズに答えられました。

「そうですね、とてもいいです」

そう言いながら、今井さんは軽く吐息をつきます。わずか数語のことなのに、ことばを教えるというのはこんなに大変なのか、と思います。

壁の時計を見ると、前半の漢字で時間を使いすぎたらしく、もう1時間半が過ぎています。二人の生徒さんも授業の終わりを了解したようで、席を立ちました。
（やれやれ、どうにか終わったか。）そう思って、今井さんは立ち上がりかけました。そして、ふとチャダッシュさんと顔を合わせました、
その眼を見た時、今井さんはちょっと驚きました。
チャダッシュさんの眼は、どこかで見たことがあったのです。

そんな今井さんに頓着せず、チャダッシュさんは言いました。

「ありがと、ございます」

「いえいえ、こちらこそ」

そう答えてチャダッシュさんと握手をしながらも、はて誰の眼だったっけ、と今井さんは自問していました。そしてイルマヤニさんとも握手をし、その眼にも同じものを感じた時、今井さんは急に思い出しました。

それは、昔の日本人の眼でした。

昭和30年代半ば、夜間高校を卒業した今井さんが働き始めた頃、周りの人びとはこんな眼をしていました。毎日乗ったバスの運転手さんや、初めて住んだアパートの大家さん、よく通った定食屋の女の子。そんな人たちの眼です。

あるいは当時、銭湯の鏡を覗き込んだ若い頃の自分が、こんな眼をしていたのかも知れません。

誰の眼とは特定できないものの、自分とは縁もゆかりもない異国の人、と思っていた初対面の外国人の眼に、今井さんは大切な何か、礼節以上の何かを感じました。

チャダッシュさんとイルマヤニさんは丁寧におじぎをして、部屋を出て行きました。

しかし今井さんは、すぐには帰ろうとしませんでした。

一人きりの部屋で、黒板の前に立ったまま、今井さんはじっとその眼の意味を考えていました。

【指導のポイント―9】

問答による進め方

今井さんは外国語ができない。

つまり否応なく「日本語だけで」授業をしなければならないので、いわば「必然的直接法」を採用することになる。その技術の一つに「問答」を使った進め方がある。「問答法」と呼ばれる時もある。

問答により授業を進める方法は、別に日本語教育や外国語教育の専売特許ではない。うんと遡ればプラトンの「ディアレクティケー（弁証法）」まで行き着くが、さすがに今井さんの授業とは趣が違う。むしろ実際の対象を見せて問答でことばを教えるという特徴は、19世紀の教育学者ペスタロッチ（J. H. Pestalozzi）の授業法に求められる。

問答法では、教え手が一方的に教えるのではなく、教え手が何かを訊き、学習者がそれに答える、という形式で授業が進む。さらに外国語教育の場合、学習者は、

● **「答えること」が、「習うこと」の過程になること**

逆に言えば、

● **「習うこと」が、同時にそのことばを「使う」結果になること**

が伴う。これが問答法の最大のポイントであり、個人指導の場合には特に効果がある。

もっとも学習者にしてみれば、まだ知らない事項をいきなり聞かれても答えられるわけはない。だから教え手は、易しい答えられる質問から入り、上手により難しい段階に入っていくことが必要になる。

質問には形と内容の両面で、答えやすさのレベルがある。

たとえば「旅行に行きたいですか」という問いかけであれば、「はい、いいえ」で答えられるから、この手の質問は最も答えやすい。

次いで「日光と箱根のどちらに行きたいですか」のような問いかけも二者択一になるから、これも答えやすい部類に入る。

しかしたとえば、「どこへ旅行に行きたいですか」という質問になると自分で答えを探さなければならないから難しさのレベルは上がる。

さらに「どうして日光に行きたいのですか」などのように、因果関係や、あるいは方法（どうやって～しますか）を問うものは、さらに難しい。

答えやすさ、答えにくさには別の側面もある。たとえば目の前の事物について聞かれるものは答えやすいが、過去のこととか、あるいは抽象的な物事のように「見えないもの」は答えにくい。さらにプライベートな領域であれば「答えやすくても答えたくない」ことになる。

しかし教師がそれを考えに入れ、質問の順番や中身を吟味して予習すれば、問答法はただ教えるのとは比較にならないほどの達成感を学習者に与えられる。それは右に述べたような「日本語を習いながら使った」結果になることが大きい。問答法は、媒介語を使う、使わないに関係なく応用可能だから、教授法というよりは教授技術の一つ、と考えた方が良い。結局それは「限られた時間にいかに学習者にたくさん話をさせるか」という命題に対する、理想的な答えになる。

今井さんは使わなかった方法だが、教え手が「問う人」・「答える人」の二役をやるのも一つの方法だ。たとえばちょっと首を右に向けて聞き、答えるときはちょっと左に向けて言えば問答の形は伝わる。学習者がそれを理解し、本当に答えたくなったらその時はその役を振る。これは近年、カナダのメディア教育学者であるアーカス（C. Arcus）が提唱した「ティーチャブル・モメント」という考え方で、「学習者中心の教育」のキーワードである。

また学習者が複数の場合には、教え手―学習者という質問の流れだけではなく、学習者同士でそれをやってもらう方法もある。今井さんの場合は、イルマヤニさんが自主的に教え役をかって出たが、教え手はこれを観察することで個々の欠点や次に教えるべきことが見えてくるので、時には使いたい方法だ。

★　★　★　★

次の日、今井さんは元の同僚に電話をかけました。

そして、日本語の教え方を勉強したいから、自分もボランティアのグループに入れて欲しい、できればチャダッシュさんとイルマヤニさんを教える手伝いをしたい、と告げました。

元の同僚は快くそれを了解し、今井さんは現在も二人に日本語を教え続けています。

また教えるだけでなく、在職時代のコネを使って、チャダッシュさんのデザインしたTシャツをアパレル会社に持ち込んだり、イルマヤニさんとアメ横へ出向いて、インドネシア料理の調味料を仕入れたりもしています。

100
260
炎
炎

三、河田さんの教え方

実況中継――10　英語による説明、スタート

所変わってここはオーストラリア、北シドニーにある大学寮の一室です。部屋の大きさは8畳ほど、北向きなので日当たりが良く、一月らしい真夏の陽光が入りこんできます。

語学留学中の河田さんが、生徒さんであるジャネット・ローソンさんとソファに座っています。ジャネットさんは大学二年生で、先月ある自治体が公募した環境問題のエッセイ・コンテストに入選しました。副賞として日本への訪問とホームステイが決定したのですが、日本語ができないために心配になりました。そこでパーティで偶然に紹介された河田さんに、日本語を教えてほしいと頼んだのです。

平野さんや今井さんとは違って、河田さんはジャネットさんの左に腰かけています。オーストラリアでは、タクシーに乗るときも運転手の隣に座ります。授業前にこれを思い出した河田さんは、向かい合わせよりは隣り合った方が緊張しないだろうと思い、横に座ることにしたのです。

二人の前にはローマ字で書かれた日本語教科書と、河田さんお手製の、画用紙で作ったことばのカードが置いてあります。

KORE　WA　PEN　DESU

この教科書の第1課は、「わたしは〜です」の文型です。

しかし、河田さんは、手近なものを教える文型の方が何となく入りやすい気がして、第2課の「これは〜です」から入ることにしたのです。

河田さんはカードを指で示しながら、練習した通りに、早口で話し始めます。

「This is a basic Japanese sentence pattern.（これは日本語の基本的な文型です）」

ジャネットさんは、黙ってカードを眺めています。

河田さんはカードを指で示して続けます。

「"KORE" is "this", "PEN" is, of course, "a pen", and "DESU" is "is".（「これ」っていうのは英語のthis、そして、「ペン」はもちろんペン、「です」はisのことです）」

ジャネットさんは何か言いたそうにしましたが、河田さんは続けました。

「The word order in Japanese is different from that in English.（だから日本語の語順は英語と違います）」

河田さんはよく勉強したようで、英語もなかなか上手です。

「Don't put "a" or "an" before nouns.（それから、名詞の前にaやanを付けないでください）」

「This "WA" is a topic marker.（この「は」は、前の「これ」が、文の話題であることを示します）」

河田さんはそこまで一気に言い、言えたことで少し満足しました。大好きな英語で日本語のルールを説明するのは初めての経験ですが、普通の英会話よりも、何だか面白いように思えます。

「Any questions?（何か質問は？）」

と、河田さんが聞きました。ジャネットさんは曖昧に、

「Well, no.（いいえ）」

と答えました。

【指導のポイント―10】

理想的な授業ポジションとは

教え手と学習者の位置を考えてみよう。

河田さんは、ジャネットさんの横に腰かけて教えたが、学習者と並んで座ることは、リクエストがない限り避けた方が賢明だ。

横に座ると学習者の口の動かし方が見られない、という実践上の理由もある。

しかし、向かい合わせに座るべき最大の理由は、学習者の表情が分かることにある。

学習者が目標言語※の運用力を十分に持たない段階では、教え手が授業を進める時の唯一の拠り所は、相手の表情や顔色だ。特に個人レッスンや少人数クラスの場合、学習者が何か言いかけたら、教え手は説明の最中であってもすぐに話を切り、それを聞くべきだ。即答するに値する質問かどうかは、聞いたあとで決めればいい。

また、学習者の横に座るということが、本当に親しい関係づくりに役立つかの保証はない。人は誰でも相手に応じて不快にならない距離の取り方があり、それが分からない段階では、フォーマルなくらいの距離を取れば間違いない。

※目標言語……学習者が習う外国語のこと。この授業での目標言語はもちろん、日本語。

実況中継——11　単語の入れ替えによる文作り

（よし、ここまでＯＫ）そう思った河田さんは、「予習メモ」の次の欄を見て、ことばを続けます。

「Repeat after me.（じゃあ後について言ってください）『これ、は、ペン、です』」

河田さんは、子供に言い聞かせるように、ゆっくりと、発音します。これは、英会話の先生のやり方を真似たつもりです。

「これ、は、ペン、でぇすぅ」

ジャネットさんが一語一語、確認するように発音します。

「Good. Once again.（いいですね、もう一度）『これはペンです』」

「これ、は、ペン、でぇすぅ」

ジャネットさんは、河田さんの声を聞くよりも、文字カードを見て発音しているようです。それに気がついた河田さんは、急いでカードを裏返して、また言いました。

「これ、は、ペン、です」

手がかりを取られたジャネットさんは、言いよどんでしまいました。

「これは、」

即座に河田さんが手がかりを与えます。

「これは」

ジャネットさんがおうむ返しに言いました。

「ペンです」

ジャネットさんが繰り返します。

「ペンですぅ」

河田さんが直します。

「ノー。『ペンです』」

「ペン、でぇす」

また直します。

「ノー。『ペンです』」

矢継ぎ早に直されたので、ジャネットさんはちょっとムッとしてこう言ってみました。

「Pen, death.」

「Very good!」

意外にも河田さんが誉めてくれたので、ジャネットさんはちょっと両肩をすくめました。「これはペンです」が理解できたと思った河田さんは、「予習メモ」のその次に行きました。順調に進んでいるようで、安心です。

「I give you a Japanese word.（じゃあ日

本語の単語を言いますから）Substitute it for a pen.（それを「ペン」の代わりに入れて文を作ってください）『本』」

「What's a "hon"?（ほん、て何ですか）」

ジャネットさんが聞いてきました。

（あ、そうか）と、河田さんは思い、

「A book.」と、答えました。

「これは、あぁ、」

ジャネットさんが、また言いよどみます。

間髪を入れず、河田さんが助けます。

「ほん」

「これは、ほんです」

「Next,『えんぴつ』、pencil.」

今度は、訳語もちゃんと付けました。

「これは、えんぴぃつです」

「No. え・ん・ぴ・つ」

「これは、えんぴつです」

「Good.」

意味が本当に分かっているかどうかはともかく、ジャネットさんが日本語の文を言っているので、河田さんは満足しています。

【指導のポイント――11】

課を入れ替えるのは独創か独善か

河田さんは第1課「わたしは～です」より第2課「これは～です」を先に教えた。

教科書のタイプは多様であり、どの課から入っても使える、いわゆるモジュール式の教科書も確かに存在する。しかし初級の場合は、易しい文型を積み上げて難しいものに進んで行くのが基本だから、課の順に沿って進めないと、必ずどこかで破綻する。

授業経験の少ない日本人が、初級の日本語教科書に出てくる文型を見ると、「こういう言い方はあまりしない」とか「これより先にこっちをやればいいのに」と思うことは少なくないようだ。たとえば「みんなの日本語 初級Ⅰ」では、所有を意味する「カメラがあります」が、「カメラを持っています」よりも、先に出てくる。日常で使う頻度では、後者のほうがはるかに高い。

しかし定番の名に値する質が高い教科書ほど、文の仕組みや他の文型とのつながりを考え抜いたうえで、提示の順を決めているものだ。

たとえば右の例であれば、「カメラがあります」は、「存在文」と言われる「～があります・～がいます」を後の課でやるときの導入に役立つ。しかし「カメラを持っています」の方は、「～て」の形が動詞ごとにかなり異なるので、この段階で教えるのは時期尚早という判断になる。

このように「学習者にとっての学びやすさ」を考えた教科書の配列を、初めて日本語を教える立場にある人が守るのは当然だ。

同様に、「わたしはカメラがあります」を教えた時に、「持っています」の方がより頻繁に使いそうだから、という「思いつきのサービス」でついでに教えてしまう、というのも良い教え方ではない。

学習者が一度に覚えられる量には限界がある。余分な事項を教えれば必ず余分な説明がつきまとい、予定した事項が教えきれなくなることは明らかだ。授業の組み立てでは、あれもこれもと足すよりも、抑制する方が賢明だ。

授業実況──12　平叙文から疑問文へ

授業は河田さんが思ったよりも早く進んでいます。でも河田さんは、きっと教え方も生徒もいいんだろう、と考えて、どんどん先に行くことにしました。

「Then…（それでは）」

そう言った河田さんは、KA と書いたカードを持ち、DESU の後に置き、新しい説明を始めます。

「Put "KA" at the end of a sentence. Then you can make a question sentence.（この「か」を文の終わりに付けると疑問文になります）」

そう言って河田さんは、ペンをジャネットさんに示し、こう聞きました。

「これは、ペンです、か?」

河田さんは、手にペンを持って聞きました。ジャネットさんが両手を広げて答えます。

「Yes.」

河田さんがまた説明します。

「"Yes" is "HAI", so『はい、これはペンです』」

「はい」だけ教えればいいようですが、河田さんは長い答えの方が良いと考えています。「はい、これはペンです」と長く言わせれば、初めの文「これはペンです」をジャネットさんが繰り返せるから良い、と思ったのです。

ジャネットさんは答えました。

「はい、これはペンです」

「Very good!(いいですね)」

河田さんは授業が順調に進んでいるようで、満足です。

(この仕事、向いてるかも!)

河田さんはちょっと考え、次は「ノー」の説明に行こう、と思いました。しかし隣のジャネットさんを見ると、あまり嬉しそうではありません。授業は順調に進んでいるのに、どうしたのでしょう。

河田さんは熱心に授業をしています。文型を教えるときの英語もよく準備しています。平野さんや今井さんにはない「ことばカード」まで置いてあります。どうしてジャネットさんは嬉しそうではないのでしょうか。

【指導のポイント—12】

分かりやすい文の説明とは

新しい文を教える際には、まず音を聞かせることが大切だ。

たとえば、

「これはペンです」

を教えるのであれば、実際にペンを示して、「ペン」「ペンです」を幾度も聞かせて、それから言ってもらうことだ。英語を知っている学習者であれば「ペン」「カメラ」「ナイフ」などは言語と日本語の音が似ているから、実物を示して「ペンです」「カメラです」「ナイフです」と言えば、もっと分かりやすくなる。ことばのカードを示すのは、その後で良い。

「ペンです」は短い文だが、この中にすら、

- **日本語には、英語をはじめとするアルファベットの単語が入っていること**
- **日本語には、a, the など冠詞に相当するものがないこと**
- **日本語には繋辞※が後につくこと**

など、学習者が知るべきことはたくさんある。

音を聞かせたら、当然、次は学習者にそれを口にしてもらう。

※繋辞……主語と述語を関係づけてむすぶことば。連辞とも言う。（例）です、だ、である。

初めは、その通りに繰り返して言ってもらう。

もしその文が長すぎるような場合には、文を短く切って発音し、後について言ってもらうのが通常だ。これは中学校の英語の授業で経験した方法かもしれない。

ただし日本語は動詞が最後に来るから、

●**教え手「これは」**→学習者「これは」→教え手「これはペンです」→学習者「これはペンです」

という進め方ではなく、

●**教え手「ペンです」**→学習者「ペンです」→教え手「これはペンです」→学習者「これはペンです」

という切り方・進め方の方が、分かりやすい。

「ペンです」→「カメラです」は、示されるものの置き換えだが、それができたら次は指示詞（いわゆる「こそあど」）を入れる。このように文は、学習者が既に知っているものを置き換えたり、拡張したりしてだんだん複雑に、時には単純に変わってゆく。

手近のペンを示して、「これはペンです」と言い、遠くにあらかじめ置いたペンを示して、「あれはペンです。」と、言う方法は、オーソドックスであるが、近称・遠称の対照を教えるのに適している。

河田さんの授業には、評価できるところもある。

それは、このように学習者に一定の条件を与えて、新しい文を作ってもらったことだ。この工夫は悪くない。たとえば「これはペンです」を言えるようになった学習者に対して、教え手が、「カメラ」と、いわば合図（キュー）になる単語を言い、それを聞き取った学習者が「これはカメラです」と、文を作ったりするものだ。

平野さんの授業では、最後に神経衰弱ゲームを使った「アクティビティ」を行ったが、その前段階のやや地味な活動、つまりキューによって学習者に文を作ってもらう一連の練習方法を、「ドリル」と呼ぶ。漢字ドリルや計算ドリルなど、学校で配られるプリントも、理屈の上では同じ成り立ちだ。

しかしドリルというのは「多くの文を作らせる」という目的には有用だが、続けていると授業が単調になる場合がある。すると学習者の中には、たとえば自己紹介で家族のことを言いたい時、

「父は photographer です」

などと、外来語を入れるような場合がある。この場合は媒介語の使用を注意したり、排除したりしないで、

「ああ、フォトグラファー、しゃしんか、ですね」

とあいづちを打ち、カタカナ的な発音を教えたり、新しい単語を導入したりして進めるのが良い。というのはこういった場合、学習者は積極的に授業に参加しているし、何か新しいことを話したいという提案をしているからだ。こういう事態は歓迎して、楽しく授業を進めたい。単調なドリルであっても、授業を楽しむことを知っている学習者は、何かしら面白いことを言うものだ。

有効なドリルの使い方を書いた本では、佐賀大学の横溝紳一郎さんが書いた『ドリルの鉄人』（アルク）が薦められる。また英語教育の方にも、優れた類書がたくさんある。

実況中継—13　失敗

河田さんは、ジャネットさんのノリの悪さに気がつかないままです。それどころか、ジャネットさんが「はい、これはペンです」と、長い答えを言えたことに満足し、自分の方は充実感を感じている

ようです。

そこで、ジャネットさんが「はい」の答えが言えたので、つぎは「いいえ」で答えてもらうことにしました。

河田さんは、用意したホワイトボードに、こう書きました。

Hai = YES

Iie = NO

これをジャネットさんに示しながら、河田さんはペンを持ち、聞きました。

「これは、本ですか」

ジャネットさんはボードの字とペンを交互に見て、答えました。

「いいえ」

河田さんは、すぐにそれを正しします。

「いいえ、これは本じゃありません」

そして、繰り返すように、とジャネットさんに手で促します。

ジャネットさんは答えます。

「いいえ、これは、じゃ、ありません」

「Once again.（もう一度）『いいえ、これは、本じゃ、ありません』」

と河田さんは言い、今度は子供に言うように、ゆっくりと話しました。隣り合わせに座っているのでジャネットさんの表情が読みにくいのですが、いま席を移動するわけにはいきません。

「いいえ、じゃ、ありません」

ジャネットさんが答えます。今度は「これは本」が抜けています。河田さんはもう一度言いました。

「いいえ、本じゃありません」

するとジャネットさんは河田さんの方を向いて、さっき聞いたのと違う、というようなことを英語で言いました。

（えっ？）

河田さんは思い直します。

●いいえ、これは本じゃありません

●いいえ、本じゃありません

河田さんは二回目に言ったとき、「これは」(正しい答えは「それは」)を、抜かしてしまったようです。

「We have two ways.(言い方は二つあるのよ)」

ジャネットさんがふうん、と言いたげな顔をしているので、また河田さんはペンを持ち、聞きました。

「これは、本ですか」

ジャネットさんは突っかえながら答えました。

「いいえ、本、じゃ、ありません」

「Good!」

と、河田さんは誉めました。

英語の授業では、先生は些細なことでも誉めてくれます。河田さんもそれを真似てみたのです。ジャネットさんがまた何か英語で言っています。よく聞いてみると、「いいえ、本じゃありません」のあとには、じゃあそれが何なのか、をつけて言うべきだ、と言っているようです。

(あ、そうか。)

と、河田さんは思い、

「Yes, you need this. Please.(あ、そうね。じゃ、どうぞ)」

と言いました。

「いいえ、本、じゃ、ありません。これは、ペンです」

ジャネットさんが答えます。

「Excellent !」

また河田さんは誉めました。

「はい」「いいえ」ができたようなので、次に行くことにします。

河田さんはホワイトボードを置き、今度は本を示してジャネットさんに聞きました。

「これ、何？」

ジャネットさんは、新しい音に戸惑っているようです。

河田さんは「これ」で本を指さし、少しポーズを置いてから「何」をゆっくりと聞きました。

「これは何ですか」では、ちょっと長いので、短い形からだんだん長くしていこうと思ったのです。

友達同士でも「これ、何？」と言うのはよく使う表現ですからやりとりが自然になるし、良いアイディアだと考えたのです。

ジャネットさんは聞きます。

「What's "NANI"?（「何」って、何？）」

「"NANI" is "what".（何は「何」です。）」

まるで禅問答です。

「This...what...ah...」

ジャネットさんはそんな風に口ごもっていましたが、やがて答えました。

「本、です」

「Very good!」

河田さんはまた誉めます。するとジャネットさんが、自分で持ってきたペンを指さし、こう聞きました。

「これ、何？」

河田さんは、ちょっとびっくりします。語尾を上げたジャネットさんの日本語が、何だか詰問しているような感じだったのです。

河田さんはちょっとムッとして、

「ペンです」

とだけ、答えました。

【指導のポイント―13】

授業中は冷静な自己モニターを

河田さんの授業は、どうもぎくしゃくしている。小さな失敗が積み重なって、全体の歯車が噛み合っていない印象だ。

しかし、誰の援助も経験もなく、二日後に授業をしてください、と頼まれた場合、かなりの人が彼女のような授業になることは想像に難くない。河田さんは彼女なりに「コミュニケーションのためのことば」を教えようとしたのだから、いくつかの点で修正を加えれば、もっと良い授業になるはずだ。その「修正」のキーワードは、教える言語の「自己モニター」である。

ある言語の母語話者が優秀な教え手になるためには、蓄積された知識を組み立て直すことが必要であることは前述した。準備の段階でことばの整理ができたら、実際の授業ではそれらは適切に使用されなければならない。

言い換えれば、それは自分が教えるそのことばを口にする時、それは常に学習者と共有される音声的な財産として提供されなければならない、ということだ。

学習者は目標言語の音を学びに来ている。当然、教え手が話すその音を注意深く聞き取り、理解し、自分でも使ってみようと考えている。

教え手としては、自分が話す音のうち、**「どれが学習者にすでに理解されている音（ことば）であるか」「どれが学習者にとって新しい音（ことば）か」**の分別を、授業時間を通じて意識していなければならない。もちろん学習者が口にすることばも注意深く聞き取らなければならないから、授業の間、そこで発せられる言語音はすべてモニターされていることが理想になる。

大規模な商業施設などでは、不測の事態に備えて店内を別室でモニターしているが、授業の場合には教え手は、

●教えつつモニターすること

●モニターの結果を使うことばに反映させること

を、一人でしなければならない。

たとえば、ある教科書の12課で、新出の事項として「あげる・もらう・くれる」といった、いわゆる授受表現が出てくるとしよう。この場合、教え手は既習の事項、つまり1課から11課までの単語や表現「だけ」を使いながら、上手に12課の内容を導入し、学習者に理解させ、使えるレベルにまで持っていかなければならない。

しかし経験がない教え手の場合は、学習者がまだ知らない単語や表現を口にしてしまい、混乱させることが少なくない。このケースで例示すれば、教科書ではもっと先に出てくる事項、たとえば「〜てあげる、〜てもらう、〜てくれる」を説明や導入で用いてしまうような教え方がそれだ。

前節で、河田さんはジャネットさんに正答を言うとき、「いいえ、これは本じゃありません」「いいえ、本じゃありません」と、異なる言い方を混在させてしまった。これは自分が使う日本語が適切にモニターされていなかった例だ。

こういった失敗は、しばしば媒介語の使用で糊塗される。河田さんも“We have two ways.”(=言い方は二つあるのよ)と言って取り繕ったが、言語的には間違いではないものの、授業技法としては間違いである。

これは、直接法の信奉者たちが最も嫌う媒介語の使い方でもある。

それでは、常に学習者の既知の単語、既知の表現だけを使わなければならないかというと、そうとも限らない。達成を誉めることばを初め、授業でしばしば用いられることばは決まった表現だから、積極的にそのことばで行ったほうが望ましい。

たとえば自分がウルドゥー語の学習者だとしよう。先生から誉められた時、「よくできました」と日本語で言われるのと、1語ずつ明瞭には分からないものの、何やらウルドゥー語で賞賛されるのでは、どちらが嬉しいだろうか。教え手が取るべき方法は、明らかなはずだ。

実況中継―14　これ、何？　あなた、誰？

ジャネットさんは自分のピアスを指さして、また「詰問調」で聞いてきます。

「これ、何？」

河田さんは答えます。

「ピアスです」

ジャネットさんが聞きました。

「What?（何ですか？）」

河田さんはまた答えます。

「Pierce.（＝突き刺しなさい）」

No, とジャネットさんは少し苛立って言い、今度はピアスを指にはさんで示しながら聞きました。

「これ、何?」

「ピアスです」

「No, earring です」

(耳に穴開けてるんだからピアスじゃないの)

と、納得いかない河田さんでしたが、それに続くジャネットさんの質問を聞くと、ピアスどころではなくなりました。

どうやらジャネットさんは、英語では "this"(これは)で聞いたことには "it"(それは)で答えるけど、日本語ではどうなのか、と、訊いているようです。

(ええと、たとえば「これ、似合う?」って聞かれたら「それ、似合うよ」だから…)

河田さんは口を手で覆いました。顔から血の気が引いていくのが自分でもわかります。

ここに至ってようやく、

「これはペンですか?」

←

「はい、**これ**はペンです」

と教えていた自分のミスに気づいたのです。

普通に日本語を話している分には決してしないようなミスですが、教えるためのいわば加工された日本語の世界で、河田さんは「それ」を教え忘れてしまったのです。

「Yes, we change words. But I'll teach you later.（ええと、そういう風に変わるんですけど、後で教えるわね）」

そして、「それは」から離れるために、やっぱり1課に戻ることにしました。

「Next, let's learn a sentence like "I'm Janet."（じゃ、次は「私はジャネットです」みたいな言い方を習いましょう）」

河田さんはそう言い、

「"I" is "WATASHI", so, "I am Janet" is「私はジャネットです」（Iは日本語で「私」だから、「アイ・アム・ジャネット」は「私はジャネットです」になります）」

と、説明しました。

それを聞いたジャネットさんは、

「私は、ジャネットです」

と言いました。

Okay, と河田さんは言い、また説明を続けます。

「"Student" is "GAKUSEI", so, "I'm a student." is「わたしは学生です」(student は日本語で「学生」だから、「アイム・ア・スチューデント」は「私は学生です」になります)」

「私は、学生です」

ジャネットさんがまたオウム返しに言い、それから質問しました。

「Then what's equivalent to "you"?(じゃあ you に相当する語は何ですか)」

「It's "ANATA".(それは「あなた」です)」

河田さんが答えると、ジャネットさんが言いました。

「私は、学生です。あなたは、学生です」

Okay, と答えながらも、河田さんはちょっと落ち着かない気分になりました。確かに「ユー」は「あなた」だし、和英辞典にだってそう載っています。けれど、日常ではまず言わない表現です。「自然な会話」を教えたい河田さんの考えからは、明らかにずれた文です。

そんな河田さんの考えに頓着せず、ジャネットさんはこう続けます。

「私は、ジャネットです。あなたは、河田です」

「…はい」

河田さんはそれしか言えません。

「あなたは、河田です」では、SF映画か何かで人間を管理するロボットが、記憶を失った自分に告げる時のような言い方です。自然か不自然かを通り越して、不気味なくらいです。

どこから直そうか、と河田さんは英文を頭で組み立てようとしました。しかし、ジャネットさんはさらに続けて聞いてきました。

「あなた、何?」

「えっ」

河田さんはちょっと混乱しました。

「あなた、何?」

というのは、河田さんが高校生だった時、よく制服の乱れを咎めていた年輩の女性教師の口癖だったのです。特に語尾が上がったジャネットさんの言い方は、咎めるのを通り越して、あきれているように聞こえます。

何を言いたいんだろう、そう河田さんは訝しんで、考えてみました。

そして、

「あなた（ユー）＋「何（ホワット）」

＝ホワット・アー・ユー？（お仕事は何ですか）ではないか、と推測しました。

河田さんはこの返事で良いのかどうか、不安な気持ちで答えました。

「私は、学生です」

けれども、さっきの
「あなたは、河田です」

といい、今の
「あなた、何?」

といい、教える方向がどんどん妙な方に行くようで、河田さんはかなり混乱してしまいました。

「Are you all right?（大丈夫?）」

河田さんの顔色が悪いのを見てジャネットさんが聞きます。

「Fine, thank you.（大丈夫です）」

本当は全然ファインではないのですが、河田さんは英会話をやる人の条件反射として、そう答えてしまいました。そして時計を見ると1時間と少しが経過していたので、今日はとにかく止めることにしました。

「That's all for today.（今日はここまでです）」

河田さんは、ジャネットさんにそう告げました。

【指導のポイント―14】

成人学習者を子供扱いしてしまうこと

河田さん―ジャネットさんをモデルに、学習者との関係や距離の設定を考えたい。

教え手の中には、モニターされたことばを使ってはいるものの、学習者を赤ん坊のように扱う人もいる。子供を育てる時の親や保育者のことば（ケアテイカー・スピーチ）と、学習者に理解してもらうために教え手が使うことば（ティーチャー・トーク）には確かに類似点が少なくない。しかし多くの場合、教え手が相手にするのは中高生以上か、大人である。彼ら・彼女たちは、学習の段階でたまたま目標言語（この場合には日本語）の運用が十分ではないだけで、何もできない子供とは違う。だから、成人の学習者を子供のように扱うことは禁物だ。

学習者の達成を誉めることは大切だが、前節で河田さんがしたように、どんな些細なことでもおおげさに誉めることも、子供扱いすることの変種である。3＋5＝8を解いて激賞されても、嬉しいどころか、馬鹿にされているように感じられるのと同じだ。

さらに「これは何ですか」を「これ、何」に変えたことも、子供扱いの一種である。

この二文を比較してみよう。

日常会話での頻度という視点で考えると、後者（これ、何？）の方が多く用いられるかもしれない。見かけの簡単さについても後者に軍配が上がる。河田さんの「改良」の正当さもここに求められる。

けれども、後者は逆に近しく、慣れ親しんだ相手にしか用いることができないという、使用上の制限がある。

成人または成人に近い、社会化された学習者にとって、用法の制限がある文型を先に学ぶメリットはあるのだろうか。

日本語を含むどの外国語の教科書でも、著者や編者によってその目標言語は徹底して分析され、その結果としてある学習事項が選ばれ、提示の順が決められている。だから各課は密接に関連しており、易しい内容からより難しい内容へ時系列で移行していく。

繰り返しになるが、経験の少ない教師が課の事項や順番を加工しても、一貫性が失われるだけだ。結局は学習者のためにはならない。

「教科書を教えるより教科書で教えよ」というのは、豊富な経験を持つ教え手に対するある種の忠言である。しかし経験が少ない教え手の場合には、創造性を発揮するより先に、授業でするべきことがある。それはまず、

●ある教科書にその内容すべてを暗記するくらい入りこむこと

次いで

●その内容をモニターしながら、学習者を子供扱いしない関係作りに努めること

そこまでできれば、教科書「で」教えはしないものの、ボランティアのレベルは超えて、授業の技量はプロに近づいているはずだ。

河田さんの失敗を成功に変えていくヒントは、そこにある。

ジャネットさんが出て行ってから2時間ほど、河田さんは教え方のメモをめぐってあれこれと考えていました。そして、自分は日本語を教えるのには向いてないし、今は英会話をもっと勉強する方が先、と考えました。

なおも数十分ほど迷ってから、ようやく河田さんはジャネットさんに断りとお詫びを言うため、携帯を手に取りました。

しかし、携帯を手にした途端、ベルが鳴りました。

電話はジャネットさんを紹介してくれた、オーストラリア人の男性からでした。

話の内容は、申し訳ないが河田さんからのレッスンは止めたい、とのことでした。

★　★　★　★

第三章　教え方の枠組み

一、授業の復習

三人の授業と実際の教育現場との関連

ここまで、平野さん・今井さん・河田さんの三人の授業デビューを見てきました。それぞれの成功例、失敗例は授業の区切りごとに見てきましたが、ここで簡単に授業のポイントを振り返ってみましょう。

平野さんはつっかえるところがあったとはいえ、おおむね順調に、サマーズさんに第1課の例文を教えることに成功しました。平野さんの場合、日本語の「音」を教えることに専念したこと、習った文型を自発的に使うような活動、つまりアクティビティを入れたところが良かったと言えます。

今井さんは二人の学習者が突然に漢字を勉強したい、と言うので、前半は混乱したものの、後半はチャダッシュさんとイルマヤニさんに、「このペンは、私のです」という文型だけは、どうにか教え終わりました。

また今井さんはビジネスマン時代の経験を活かし、自己紹介代わりに名刺の交換をしました。また突然の「漢字の学習」の申し出を断らずに応えたり、少し日本語を知っている学習者から「まだ分からないところ」を引き出したりして、そこを補強しました。

河田さんは、単語カードを用意したり、英語で説明する準備をしたりしたのですが、なぜかジャネットさんと噛みあわず、失意のまま授業時間が過ぎていきました。

また河田さんは、勝手に課を入れ替えて教えようとしたために、教える順番を間違えたり、教えるべきことを飛ばしたりして、混乱してしまいました。また河田さんの場合、英語が好きなあまり、媒介語を多用しすぎたきらいがあります。

三人はそれぞれ、自己流の教え方を編み出しました。しかし、これを実際の日本語教育の現場の事情と比べていくと、いくらかは共通点が見つかります。

平野さんの授業のように、基礎的な文型を積み上げ、アクティビティに持っていくような活動は、最もスタンダードな教え方です。媒介語を使うかどうかという違いはありますが、これは日本語学校などで、生活のために必要な日本語を教える「日本語総合」「日本語初級」といった授業に近いものがあります。

今井さんの授業はビジネスマンを相手に日本語を教えたので、仕事のための日本語を主に個人レッスンで行う「ビジネス日本語」に、似ていなくもありません。授業の計画とは関係なく、仕事の現場で経験したことばの使い方について訊ねられたりすることも、実際の「ビジネス日本語」の授業ではよくあることです。

河田さんは学習者が大学生であり、また媒介語を使って授業を進めました。授業の質はともかく、これはセッティングだけ見れば、日本の大学で広く行われている「短期留学プログラム」と似ています。短期留学プログラムは90年代以降に増加した留学の形態で、一言でいえば「学位を取るのではなく、単位を取りに来る留学」です。ここでは多様な国籍の初級から上級までの学生に「留学の日本語

（＝アカデミック・ジャパニーズ）」を教えています。

もちろん三人の授業は急ごしらえの感が強く、そのまま見本になるというものではありません。けれども右に述べたように実際の授業現場に近い所もありますので、そのあたりの事情も踏まえて、もう少しポイントを探ってみましょう。自分自身で実際に教える時、きっと参考になることと思います。

教え手の役割とは

平野さん・今井さん・河田さんはみな日本語のネイティブ・スピーカーです。しかし日本人でも日本語を話すときに、流暢に話す人もいれば、口が重い人もいます。外国人に上手に教えるためには、教え手としての高度なコミュニケーション能力が必要になってきます。

それでは「高度なコミュニケーション能力」とは何でしょうか。

まず教え手の教えるべき中身は「学習者が知りたい日本語」であるべきです。

それはサマーズさんのように「サバイバルの会話」かもしれないし、時には「子供が学校でもらってくるプリント」や「早口な上司の説明」かもしれません。学習者にはそれぞれ日本語の学習を始めるに至った、切実な理由があるのです。

もちろんこれはどんな質問にもいちいち答えなければならない、ということではありません。しかしシラバスも教授法も、学習者のニーズに応えることと、彼ら・彼女たちの目標言語を使ったさまざまなコミュニケーションを支援することが、唯一（唯二かな）の存在理由なのです。

一般的に「教える」ということばから想起するイメージは、何十人かの学習者が座り、その前で教師が流暢に講義を進めている、というものです。

でも外国語の教え手は、それでいいのでしょうか。

外国語を教える時は、**学習者がそれを用いてコミュニケーションできるようにすること**が大切です。授業時間は物理的に限られているのですから、教え手は学習者になるべく多くコミュニケーションの練習時間を与えるべきです。

しかし、時には学習者も、教え手も沈黙する時があります。

ドリルであれ、ただの繰り返しであれ、学習者にとってはそれは外国語ですから、授業中に言いよどむことは、いくらでもあります。しかし、たとえば河田さんは「これはペンです」が言えないで「必死に黙っている」ジャネットさんをすぐに遮り、正答を言ってしまいました。

教え手としては、これは避けなければなりません。

友達同志のおしゃべりの最中にふとやってきた沈黙は気詰まりなものですが、あることばが出てこないで必死に考える行為、というのは、実は実際に話すのと同じくらいに大切なことなのです。教え手のことばをそのまま繰り返すにせよ、自主的に何か話すにせよ、学習者は目標言語という耳慣れない音の固まりを口にするわけです。聞いた音を再現しようにも、音はすぐに消えてしまいますし、正しく言えるかどうかの自信もありません。結果として、新しい外国語の音を耳で聞き、意味を理解し、それを口にする、という行為には、この「必死の沈黙」が必ずつきまとうのです。個人で教えるのであれば、相手が降参するまでは根気よく、機嫌よく待つべきです。

学習者が途中まで答えが出かかって、また止まってしまっても、同じように完全に言えるまでは、待つことです。「これはペンです」を言い切るまでに、45秒かかってもかまいません。何とか言えるようになったら、もう一度か二度、早く言えるようになるまで繰り返して、定着をはかれば良いのです。

●教え手は「講じる人」ではなく、学習者のコミュニケーションを「助ける人」であること

●時に黙ることも必要であること

を覚えておいて下さい。

学習者が望む授業のあり方

また学習者のコミュニケーションのあり方についても、ちょっと考えてみましょう。たとえば何語であれ、自分が外国語でコミュニケーションをしようとする場合、いったい「どのようなあり方」が理想になるでしょうか。

言い方はいろいろあるでしょうが、ざっとまとめれば、

(1) 相手の言うことばが聞き取れる
(2) 流暢にその外国語が口から出てくる
(3) 言われてること・言ってることの意味やニュアンスがよくわかる

が満たされていれば理想でしょう。

たとえば(1)がダメだといわゆる「チンプンカンプン」、(2)がダメだといわゆる「シドロモドロ」、(3)

がダメだといつの間にか300万円のルビー購入契約書にサイン、みたいな事態になってしまいます。

教え手に必要なのは、日本語を習う学習者の気持ちもそういうあり方が理想なんだ、と考える想像力です。たとえば河田さんの教案※には「AはBです」をどう説明するか、英語でびっしり書いてあったことでしょう。しかし「日本語でコミュニケーションしたい」と考える学習者に、いきなり基本的な文法事項を英語で話し出したらどうでしょうか。

学習者は、（フーン、そんなものか）と、理解はするかもしれませんが、右の⑴〜⑶は、どれ一つとして満たされません。学習者は日本語を実際に使いたいのであって「日本語論」を聞きに来ているのではないのです。

大切なのは、初級段階であっても、日本語を使ってコミュニケーションをさせることです。つまり、相手の話す日本語がわかるし、自分でも日本語をちょっとしゃべっている、そしてそれが単なる教師の反復ではなく、意味のある内容である。こんな状態に持って行ければ、教え手としては合格です。

初めて日本語を教えるとなると、どうしても「教える自分」を意識してしまい、準備をしてしまうものです。けれど、忙しい準備の途中でふと立ち止まり、「学習者はどんなふうに考えているのか」を想像するゆとりがあれば、教え方も柔軟になるはずです。

※教案……授業の流れに沿って何を教えるかを書いた、教え手のための計画表のこと。

二、コース・デザインと授業の「流れ」

コース・デザインとは

教え手の役割や教え方について復習したところで、いよいよ教えること全体の「見取り図」を考えてみましょう。これを「コース・デザイン」といいます。

外国人に日本語を教える、ということのすべてを小さな要素に分解し、それを時間順に並べてみましょう。専門的な用語はさておき、おそらくそれは、

【図7】

- 教える前のこと
 ↓
- 教えることそのもの
 ↓
- 教えた後のこと

となるでしょう。

右の【図7】はコース・デザインと呼ばれるものです。コース・デザインとは、教えることの入り口から出口までをカバーする考え方なのです。

まず、教える前の準備というのはなかなか大変です。

平野さんや今井さんも100円ショップに行ったり、学習者に質問を送ったりしましたが、準備事項をまとめると、「日本語のことを知る」「学習者のことを知る」「何をいつ、どのように教えるか決める」の三点になります。

日本語のことを知る、というのは教え手である自分が日常用いている日本語を、教えるためにわかりやすく組み替えること、つまり「勉強」あるいは「編集」です。今まで音声・単語・表記については、少しだけ学んできました。学習者のことを知るというのは、その人の学び手としての諸条件であるレディネスを知ることと、日本語の何を学びたいのか、というニーズを知ることです。第一章にあった質問票（41ページ参照）を、もう一度見てください。このような学習者の情報と、自分の日本語の知識を考えて、

●何を（シラバス）

●いつ・どのように（カリキュラム）

の二点を決めるわけですが、アマチュアとして教える場合、この作業は「教科書選び」から始まる、と言ってよいでしょう。

学習者に必要な単語をリストアップするのは大変な作業です。けれど教科書には、教えるべき内容（シラバス）が、「課」という単位の教える順番（カリキュラム）で、書いてあります。また教科書によっては、日本語の音（拍や、この本では扱わない「音節」も含みます）や表記の知識、それに日本文化の情報も出ています。ですから、学習者のことを知り、教科書を決め、互いの都合に合わせて、

教える時間と場所を決めれば、準備の大枠は完成です。後は第一章で見たように、教えるための最低限の道具をそろえておけばいいでしょう。もちろんそれらは、後の必要に応じて買い足すことも可能です。

授業前半の流れ

準備が終わったらいよいよ教えることになりますが、授業には「流れ」ともいうべき手順があります。

この「流れ」は、教え手自身が作っていくものです。それは成文化された規定ではなく、個々で裁量が可能なものです。ですから、「朝、起きてから出勤までの手順」「食事の支度から後片付けまでの段取り」などと同じように、経験によって、だいたい似たようなところに落ち着くものです。平野さんや今井さんの授業のように、口頭のコミュニケーションを重視した初級～中級のクラスであれば、多くの授業の流れは、

ウォーミングアップ→復習→導入→説明→ドリル→アクティビティ→まとめ→クーリングダウン

のようになります。

ここで知っておくべきことは、「流れ」の個々の要素は独立したものではなく、互いに重なりあう「ゆるやかな連合体」だということです。たとえば新しい事項が複数あるような場合には「導入～説

明」が何回もありうるし、逆に時間がないのでアクティビティは次回に回す、ということもありえます。さらに、個々の総和が授業の全体というわけではなく、それは互いに関連しあうために、授業は「個々の要素の総和以上」のものになります。これは認知心理学における「ゲシュタルト（configuration）」という考えに基づいています。

①ウォーミングアップ

まず最初の「ウォーミングアップ」は、スポーツの前の準備体操に相当します。つまりその日初めて顔をあわせた学習者に働きかける、一連の短いコミュニケーションです。たとえば、

——元気ですか。

という挨拶や、

——今日は何曜日ですか。

——週末は何をしましたか。

といった、学習者が答えやすい質問を選んで聞いたりします。ウォーミングアップの目的は、学習者とのラポール※を確立すること、そしてこれから日本語でコミュニケーションしていくことへの、メンタルな準備をしてもらうことです。

※ラポール……人と人の関係における親密さや信頼関係のこと。ラポールの成立は相手への警戒や緊張を緩和させ、相手の存在を受け入れたり、その考えに賛同したりすることにつながる。

今井さんの授業の解説で述べたとおり、質問をするにしても、答える側には難易度の順があります。ですから、質問の内容や順番といったことも、準備するべきです。授業のキャリアが浅いうちは、こんな小さなことでも、あらかじめ教案に書いておくことを勧めます。その繰り返しがスムーズな授業の「流れ」を作るのです。

たとえば、出身国の日常生活を題材にして、ウォーミングアップをする場合を考えてみましょう。具体的な順番としては、「暑いですね」という天候の話題から入り、

- **「はい、いいえ」で答えられる質問**（例：～さんのお国は、今、暑いですか）
  ↓
- **二者択一で答えられる質問**（例：少し暑いですか、とても暑いですか）
  ↓
- **一言で答えられる質問**（例：暑いとき、何を食べますか）
  ↓
- **長い答えを要求する質問**（例：それは、どうやって作りますか）

といった具合に、質問のレベルを上げていきます。

どのレベルの質問までするか、どんな事項を入れるかで、ウォーミングアップの質は決まります。また、学習者が複数の場合は、教え手がある質問を一人にし、同じ質問をその人から別の学習者にさせれば、話をする機会が増えます。

中上級のクラスの場合などは、学生たちに興味がありそうな最近の国際ニュースを話題にする場合

もあります。しかし下手をすると、場合によってはクラス全員が熱くなって語り始め、こちらが茫然としているうちに45分が経過、などというケースもあるので、注意が必要です。

また学習者が複数の時は、さまざまな諸連絡をする場合もあります。しかし、遅刻者が来るたびにそれを繰り返すと煩雑ですから、これは宿題の通知などを含めて、授業の最後にする方が良いでしょう。

②復習

次の「復習」は、もちろん、前回に勉強したことの再学習です。ウォーミングアップと復習は、重なり合う部分も少なくありません。たとえばウォーミングアップの質問に前回の授業で学習した事項を入れれば、学習者はそれを用いた受け答えをしますから、即、復習になります。右にあげた「質問のレベル」は、もちろんここでも応用可能です。学習者が複数いる場合には、うまく話せるかどうかは別として、復習する事項を全員が思い出せるように持っていきましょう。

③導入

授業の中身そのものは、新しい事項の「導入」から始まります。導入には、新しい単語の導入と文型の導入があります。

単語の導入は三人ともあまり意識的に行いませんでしたが、今井さんが窓を開けて太陽を示し「あれが太陽です。」と教えたのは良い工夫です。他には実物であるレアリアや絵カードを用いたり、ホワイトボードに絵を書いたりして教えるのも良い方法です。最も時間がかからないのはその単語の意味を媒介語で説明することですが、どうしても必要な場合を除いては、なるべく媒介語は用いない方が学習者に音と意味が良く定着します。

文型の導入では新しく提示する事項はなるべくシンプルに、言い換えれば、学習者が集中すべきポイントを少なくしておくべきです。たとえば、ある文型を導入するときに、同時にその課で出てくる新しい単語を使うことは、どうしても必要な場合以外には、避けたほうが賢明です。

導入では新しいことを学習者に示すわけですから、教え手としては学習者に興味を持ってもらうことが必要です。ここには教授法というより、むしろ「教授技法」の問題が関わってきます。

一橋大学で日本語を教えている今村和宏さんの著書に『わざ〜光る授業への道案内〜』（アルク）という本があります。この本は日本語教育のみならず、外国語教育全体から見てもユニークな位置を占めており、今村さん自身が経験した、名人教師たちのさまざまな「導入」の技法が紹介されています。ぜひ一読することを勧めます。

では、河田さんや平野さんの導入を思い出してみましょう。

河田さんは文型の導入にカードを使い、媒介語（英語）を使って説明をしました。カードは理解の補助になるし、英語を使った内容も間違っていたとはいえません。しかし、これでは学習者は聞くだけであり、受け身の態度が続いてしまいます。もっと学習者の注意をひき、集中させる方法を考えたいものです。

一方、平野さんは「音」から入りました。

導入として新しい音を学習者の耳に入れる方法は、学習者の注意を引くという点では、オーソドックスながら最も優れた方法です。音を聞かせ、その聞きなれない音の固まりが何か新しい、意味のあることだと認識させ、ついでそれを意味と結合させてもらうわけです。

授業後半の流れ

①ドリルとアクティビティ

導入が適切になされれば、次の「説明」はより容易になります。

しかし理解したとはいえ、音というのは、聞いてはすぐに消えてしまう頼りないものです。必要であり、かつ条件が許すなら、媒介語を使うことを考えてもよいでしょう。その場合も、一方的な説明をするのではなく、学習者との問答の中で説明が進むようになれば理想的です。

また、あることばを理解したといっても、理解したこととそれをうまく運用することは、もちろん違うことです。

ですから導入や説明で理解ができたら、次の流れは当然、その事項を使ったコミュニケーションをさせることになります。この役割を担うのが、ドリルやアクティビティといった部分なのです。いわば導入・説明は学習者にことばを「入れる」部分であり、ドリルやアクティビティは、ことばを使って学習者が「出す」部分です。

たとえば河田さんはドリルをせず、自分の後につけてジャネットさんが文を言えたらそれで良し、としてどんどん先に行きました。しかし、それぞれの文型ごとにドリルをして定着をはかるべきですし、可能であればそれなりに内容のあるアクティビティも試みるべきです。

しかし普通は「AはBです、くらいの単純な文で、おまけに単語だってろくに知らないうちに、創造的なアクティビティなんてできるはずがない」と、考えてしまいがちです。

しかし日常生活において、どんな状況で「AはBです」が使われているか、よく考えてみることで、自然な会話を導くアクティビティが考えられるはずです。

たとえば代表的な日本語教科書のひとつ『Introduction to Modern Japanese（ＩＭＪ）』（ジャパンタイムズ）に準拠した副教材『にほんごきいてはなして』（同）は、第1課に準拠したアクティビティとして、空港を場面としたものがあります。これは空港の掲示板を前に、世界各地の時間をトピックにして、「ニューヨークは、～時です」「パリは、何時ですか」と、学習者に話をさせる試みです。

河田さんは「これは～です」より「これ、何？」が自然だと考えて、導入する文を変えてしまったのですが、この二つの文はフォーマルかどうかという差があるだけです。つまり、この改変には、

●文の形や仕組みをしっかり理解してもらうにはどちらが適切か

という視点が欠けていたのです。結局、ある文型が「自然な感じ」かどうかは、それが話される場面によって変わるものです。これは、ある服装の適切さはそれが着られる場面によって決定することと同じです。

②自己表現の必要性

さて、単純なドリルであっても、学習者の「話したい」という意欲を増進させるためのキーワードは「自己表現」です。

これは文字通り、学習者自身のことについて何か話をしてもらうことです。たとえば自分が英語を習う場合でも、知り合いでもないジェーン・スミスさんのことを英作文するよりは、自分のことを書いた方がうれしいし、役にも立つでしょう。ただし、話の範囲は、学習者自身に限定されるわけではありません。自身とそれを取り巻く周辺のことすべてが、自己表現の対象になります。また意見や考えの表明でなく、身近なものごとの描写や説明だけでも、立派な自己表現です。

本来、自己表現というのは「自分の考えや思いを表現し、自尊と他者の受容を促し、広い世界へ目を向けさせる」という教育理念を、外国語教育に応用したものです。ですから特に英語教育などでは、ドリルのようなパターン練習に対するアンチテーゼとして位置づけられています。

しかし個人対個人で日本語を教える場合のドリルでも、この考え方は応用できます。むしろ一人の学習者にじっくり向き合えるだけに、自己表現はより効果的に実践できます。

たとえば『みんなの日本語初級Ⅰ』の「第1課」では「こちらは〜さんです」という文が出てきます。教科書では「ブラジルのマリアさん」「タイのタワポンさん」などが出てきますが、これらの人々を紹介するドリルをやったあとで、学習者に自分の写真を見せてもらい、そこに写っている人物や建物などを説明してもらう活動が考えられます。

類似のことは平野さんも行っていましたが、ある文型を用いる必然性や状況のリアルさをじっくり考えていけば、基礎的な文型からでも自己表現はさまざまに可能なのです。市販のアクティビティ集を使って授業を組み立てる場合でも、それを学習者向けにアレンジする中で自己表現の実践ができます。

③まとめとクーリングダウン

授業の「流れ」の最後は「まとめとクーリングダウン」です。

まとめとは、その授業時間内に何をしたのか、その結果、何ができるようになったのか、と学習者に示すことです。

ドリルやアクティビティを行っても、そこで習ったことをいつ、どのように使えばいいのかについて、学習者は意外なほど知らないものです。ですから教え手としては、授業の最後に授業と外の世界とをつないでおく必要が出てきます。もし教え手が媒介語を使えるのであれば、こういう時にこそ用いて、正確な情報伝達をはかると良いと思います。

またクーリングダウンには、さまざまな連絡や、挨拶が含まれます。

せっかく習った日本語を使ってみようという気持ちにさせて、気持ちよく授業を終えるための「もう一押し」です。国際交流基金で日本研究部長などを歴任した上田孝さんは、長くこの世界に関わってきた立場から、良い日本語の先生であるための条件を「機嫌がよいこと」と述べたことがあります。双方が気持ちよく授業を終えるためには、自分の機嫌の良さをモニターし、それが学習者に最後まで伝わるように配慮するべきでしょう。

教えた後で　～技量を上げる三つの方法～

コース・デザインで残る問題は「教えた後」のことです。

授業の反省を次にどう活かすか、次回はもっといい授業にするための方法はないか、ということです。

昨今は先生を「評価する」試みもかなり普通になってきたものの、教える仕事というのは、同僚と協同で進めるのとは違って、個人で完結する部分がかなりを占めています。

ですから先生という職業は「あなたの授業はここをこうすればもっと良くなる」と、率直に告げられることは、少ないか、あるいは皆無です。また教え手独自の「技《わざ》」とか、それを導く「個性」があるからこそ多様性があって面白いんだ、特定の基準で評価されるべきじゃないんだ、という声も聞きます。

確かに、教えるという所為に経験がものをいうことは、一面の真実です。

しかし経験知だけを奉じていても、やはりそれにも限界があります。ですから教えた経験が少ない方は、これから挙げる三つを実行して教え方を内省し、技量を伸ばす方法を試みてはいかがでしょうか。

最初は、**教えた記録をつける**ことです。

これは日記というより、日誌です。記録が面倒な方は、教える流れを書いたメモ、つまり教案に、そのまま実際の流れや起きたことを赤ペンで書き込んでもいいと思います。

予定していた質問や活動で、できたことは○、できなかったことは×をつけましょう。

また、それぞれの部分で要した時間も書いておくとよいでしょう。予定していた時間より長くかかった場合もあれば、妙に短く済んだ場合もあると思います。

また、学習者の反応や質問された事項を書き留めておくことは、もっと大切です。

この「教案赤ペン入れ」が十数枚たまってくると、自分の教え方の「くせ」のようなものが分かってきます。

日誌は授業を行った後、なるべく早い時間に書くのが理想的です。後になると記憶が曖昧になるし、起きた経験が頭の中で都合良く変わってしまう場合があるからです。

ですから時間がなくて毎回の授業の記録がつけられない場合には、二番目の方法が勧められます。それは、**ある一回の授業を録音・録画して、後で見る**ことです。

もちろん学習者には、自分の勉強のため、と断りを入れる必要があるでしょう。

録音ではペン型のボイスレコーダーが役立ちます。録画ならビデオカメラを使うのがいちばん現実的でしょう。

日誌をつけることは記憶に頼った記録ですが、録音・録画は自分の授業がどのようなものであったか、耳と目で確かめることができます。教え手として、明瞭な正しいアクセントの発音であったかどうか、不必要な沈黙はなかったか、誉め方はどうか、などがすべて明らかになります。

何よりも授業の雰囲気が分かります。音の記録だけでも、不思議なくらい分かるものです。

自分の授業の記録をつけたり、録音・録画したものを再生したりして満足している教え手というのは、まずいません。次にはこうしなければ、次にはこうしたい、という課題が必ず出てきます。

しかしその課題は、「次の授業」で簡単に解決できるものではありません。それよりむしろ、課題を意識する教え手になろう、という教え手としての意識転換の方が重要なのです。もし経験を積み、プロとして教えるために教師の養成講座などに通ったりする場合でも、教える上での課題や、自分に課したテーマを持っている、というのは大変良いことだと思います。

最後の方法は、前の二つが授業後の反省という「守り」の要素を多く持つのに対し、「攻め」の要素が濃いものです。

それは、授業の成否に関わらず、小さなことでいいから、**毎回、何か前の授業とは異なることを異なる方法でしてみよう**、ということです。

もしかしたらその新しい試みはうまく行かず、前のやり方の方が良かったものになるかもしれません。それでも敢えてこの試みをお勧めするのは、外国語の授業が本質的に要求している創造性に比べると、教え手の側があまりに早く「型」に順応してしまう例を（いくぶんは自戒もこめて）僕が数多く見てきたからです。

ことばや教授法に関する知識を持ち、教科書を選び、100円ショップで買い物をして、カリキュラムを組めば、とにかく教えることはできます。授業後に日誌をつければ、なお良いでしょう。

しかし、それはゴールに着いた、ということではありません。

コース・デザインという、可変性を秘めたゲームが始まっただけなのです。

持てる創造性をすべて発揮して、毎回の授業を組み立て直すことこそが、いつもの導入・いつもの説明・前と同じドリル、という停滞から脱出し、自分への健全な批判を育む工夫になるのです。

●【まとめ】外国人に日本語を教えるための授業入門●

H＝平野さんがしたこと　**I**＝今井さんがしたこと　**K**＝河田さんがしたこと

（○は評価できる、△は場合によっては評価できる、×はあまり勧められない）

（　は三人ともしなかったことだが、初めて教える方に勧められること）

突然の依頼！

【準備編-1】自分の日常 ⇔ 教えることのマッチング

- ●**H**：ラジオ英会話を聞いていた（○）
- ●**I**：書道が得意（○）
- ●**K**：語学留学に行った（○）

日本語・日本文化を「外から見る目」を養う／頭の中の日本語を組み立て直す

【準備編-2】学習者のレディネス調査

- ●**H**：スーパーでご主人と話（○）
- ●**I**：FAXでアンケートを送った（○）
- ●**K**：特になし

授業前のインタビューで学びたいことを知る

教科書の購入

【準備編-3】教材研究や教案作成

- ●**H**：100円ショップで買い物（○）
  教え方メモ・アクティビティ作成（○）
- ●**I**：教え方メモ作成（○）
- ●**K**：教え方メモ作成（○）色カード作成（△）

教科書の熟読や本文の暗記／教案の作成
使う言葉やドリル用キューの準備

●授業前に知っておこう●

教師の役割

＝「教える」よりコミュニケーションを「支援する」

＝自分は話さなくても学習者に話させること

学習者の理想のありかた

聞きとれる＋上手に話せる

＝意味のある会話

授業開始！

【ウォーミングアップ～復習】

- ●**H**：あいさつ（○）
- ●**I**：名刺を渡す（△）
- ●**K**：隣り合わせに着席（×）

簡単な問答でリラックス
ラポールの確立
質問レベルを上げて復習
目標の提示

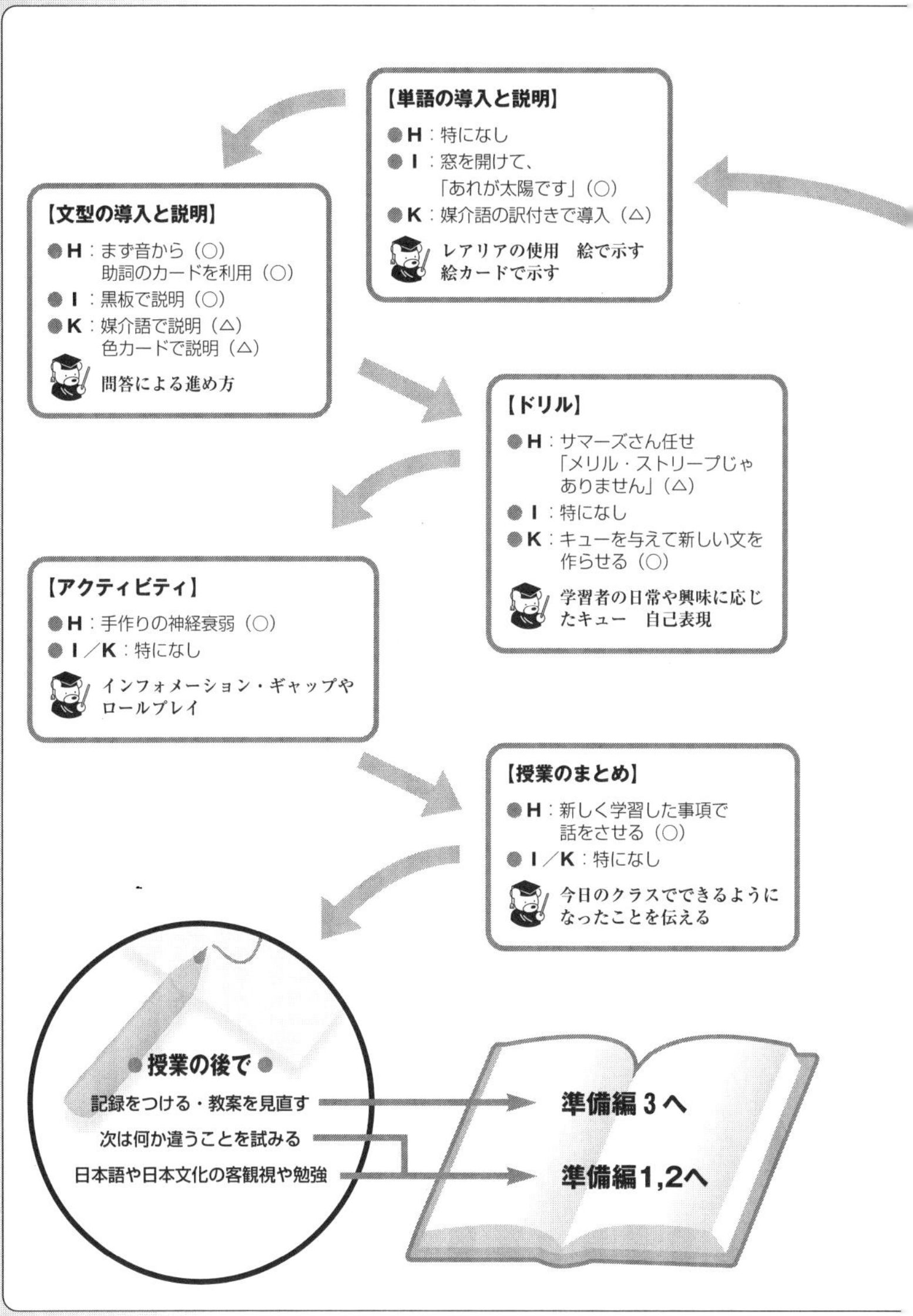
【単語の導入と説明】
●H：特になし
●I：窓を開けて、「あれが太陽です」（○）
●K：媒介語の訳付きで導入（△）
レアリアの使用　絵で示す
絵カードで示す
【文型の導入と説明】
●H：まず音から（○）
助詞のカードを利用（○）
●I：黒板で説明（○）
●K：媒介語で説明（△）
色カードで説明（△）
問答による進め方
【ドリル】
●H：サマーズさん任せ
「メリル・ストリープじゃありません」（△）
●I：特になし
●K：キューを与えて新しい文を作らせる（○）
学習者の日常や興味に応じたキュー　自己表現
【アクティビティ】
●H：手作りの神経衰弱（○）
●I／K：特になし
インフォメーション・ギャップやロールプレイ
【授業のまとめ】
●H：新しく学習した事項で話をさせる（○）
●I／K：特になし
今日のクラスでできるようになったことを伝える
●授業の後で●
記録をつける・教案を見直す
次は何か違うことを試みる
日本語や日本文化の客観視や勉強
準備編3へ
準備編1,2へ

三、三大教授法

平野さん・今井さん・河田さんは、教え方に関する特別な知識なしに教えましたが、全般的な教え方を「教授法」と呼ぶのは、今までに見てきた通りです。

教科書というのは多くの場合、何か特定の教授法を具体化したものですが、教授法そのものは結局、理念または理論の問題です。ですから教授法の知識を持てば即、教え方が上手になるというものではありません。教育関係の起業家として有名な、ALS（アクティブ・ラーニング・スクール）代表の羽根拓也さんは僕の親しい友人ですが、彼は教授法にとらわれずに毎回の授業現場における「教授技法」を磨き、ハーバード大学で「教育優秀な教員」の賞を受けました。

しかし、授業をより良くしていくために教授法の知識が役立つことは確かです。そこで、以下の教授法の概要について、ここで紹介しておきましょう。

- **文法訳読法**（GTM, The Grammar–Translation Method）
- **オーディオ・リンガル・メソッド**（ALM, Audio–Lingual Method）
- **コミュニカティブ・アプローチ**（CA, Communicative Approach）

この三つの外国語教授法は「三大教授法」と呼ぶべきものです。別に学術的に確立された呼び方ではありませんが、僕がこう呼ぶ理由は後で述べます。

なお日本語教授法を含む外国語教授法は外国語教育の一分野であり、外国語教育は教育の一分野なのですから、教授法はそれぞれが登場した時代の背景や言語観と、密接な関わりがあります。ですから現代の視点からだけで、教授法のそれぞれに優劣を論じたり、価値判断を下したりするのは、一面的な見方です。

文法訳読法

これは文字通り、文法を教え、書かれたテキストを一文ずつ母語に翻訳する過程を、「外国語を教えること」とする教授法です。

文法を教えて文を訳していく、と聞くと中学や高校の英語リーダーの授業を思い出す方が多いと思いますが、もっと適切な比較対象は古文の授業です。

というのは、文法訳読法はもともとラテン語や古代ギリシャ語といった、ヨーロッパにおける古典語教育の教え方に端を発するからです。ラテン語や古代ギリシャ語は、口頭では誰も使わない「死んだことば」です。ですから文字による記録として残っているものを訳していく以外には、勉強のしようがないのです。

これは古文のことばが現代語で用いられるものと等しくないのと同じです。たとえば源氏物語の「須磨」を習ったときに、あなたは民部大輔、私は前右近将監、などと役を決めてペアワークで会話練習をした、という人は、まずいないと思います。

文法を学び、文を訳していくというこの方法に、「文法訳読法」という名称がつけられたのは、19世紀の半ば頃です。日本で言えば幕末から明治、世界史で言えばリンカーンが大統領になり、ナイチンゲールがクリミアで負傷者の手当てをしていたころです。

この方法の言語観というのは、「ことばというのは文法ルールによる構造物である」「書かれた文章こそが言語の本質であり、しかも目標言語と母語は文法ルールを媒介にして比較・対照が可能である」というものです。

文法訳読法では、文法規則のマスターと正確な訳文を、最も重要な成果とします。そしてその背後にある教育観とは、「外国語教育とは精神修養（mental discipline）である」というものです。アメリカの大学院で勉強していた時、この教授法を紹介していたN先生が、

――Mental discipline!（精神修養！）

と急に怖い顔をして、何度も繰り返し発音されたのを覚えています。

おそらくN先生は、この教授法が採用された頃の教師のステレオタイプ、つまり文法ルールに精通し、教授者としての権威があり、学習者の精神修養を導く立場にあった往事の教師像を表情で示してくれたのでしょう。

言うまでもなく、近くの外国人に日本語を教えるときに、文法訳読法を採用するのは現実的ではありません。運用のなめらかさよりも文法上の正確さを重んじる文法訳読法は、通常の学習者のニーズとは、まず合わないでしょう。

ただし、これは「文法を教える必要がまったくない」ということではありません。その理由は、次節で詳しく述べます。

こんな古めかしい教授法を、「三大教授法」の一つとして位置づけた理由は、戦前まではこれが主

流であった、という歴史的な経緯からです。しかしもっと大きな理由は、文法訳読法が外国語を使う仕事として最も難しいといわれるスキルである「翻訳」と分かち難く結びついていることです。

少なくとも日本は文法訳読によって、明治維新から数十年で欧米文化のさまざまな側面を消化吸収し、それに加えて「訳読」という作業により、日本語そのものを磨き上げてきたのです。文法訳読という方法が旧弊である、という評価を下すにしても、この事実だけは揺るがないものです。

オーディオ・リンガル・メソッド

さて、第二次大戦の後、外国語教育を含む学校教育は、それ以前よりずっと大衆に開かれたものになりました。

その結果、現代語の外国語教育にはまず、「使えること」「それを使って通じること」が求められるようになりました。文法訳読法ではことばの発音とか音声はどうでもいいことですから、この新しい社会的ニーズには合致しないことが明らかになりました。

そこで登場し、文法訳読法を退けて教授法の中心になったのが、次の「オーディオ・リンガル・メソッド」という教授法です。これは、外国語の「口頭運用能力の育成」をはかるための教授法です。オーディオというと、アンプやスピーカーを組み上げて音楽を愉しむ趣味のようですが、元の英語では「音の」という意味の形容詞です。そしてリンガルは「話し言葉の」という形容詞です。つまりこの教授法は、文法訳読法が外国語教育では「不要」として捨て去ったものを拾い上げて名前にしたわけです。登場した当時はさぞ文法訳読法に対する強烈なアンチテーゼとしての語感や含意があったものと推測できます。

オーディオ・リンガル・メソッドは、「**人間のことばの仕組み**」「**人間の学習の仕組み**」に関する、二つの大きな理論に支えられています。

ことばの仕組みの方の理論は「アメリカ構造言語学」に端を発します。

この学派の人たちは大ざっぱに書くと、「言葉というものはまず音声であって、文というものはある構造とそこに入る単語の組み合わせである」と、考えました。

この考えの創始者はミシガン大学のフリーズ（C. Fries）という学者です。彼が終戦の年に出した書籍『外国語としての英語の教え方と学び方』は、オーディオ・リンガル・メソッドの開祖というべき書籍だけのことはあり、開いたページがフリーズ先生の大きな口に見えるほどの、迫力ある英文に満ちています。

この迫力は、人々を魅了しました。

結果として、たとえば日本の英語教育では、オーディオ・リンガル・メソッドは彼の名を取った「フリーズ・メソッド」とか、教えていた大学の場所を取って「ミシガン・メソッド」という言い方の方が、本来の名前より通りが良い時期があったほどです。

さて、もう一つの理論は、「行動心理学」という分野から来ています。行動心理学というのは、人の心を「刺激と反応」という関係から観察するものです。

たとえば主導者のひとりであった、インディアナ大学のスキナー（B. F. Skinner）という学者は、「刺激→反応」の繰り返しで達成される小さな目標を積み重ね、大きな目標という形（シェイプ）に積み上げていく「シェイピング」と言われる学習法を生み出したことで知られています。

オーディオ・リンガル・メソッドは、この「刺激と反応」をはじめ、行動心理学のさまざまな理論をことばの学習に応用して、

●教師からの刺激に対して、学習者が自然に反応できるような習慣を作れば良い

と、考えたわけです。「授業の流れ」で示したドリルは、オーディオ・リンガル・メソッドの実践といえます。


ドリルの復習をしましょう。

たとえば教え手は、学習者に食事中の絵を示して、

「松本さんは**浦和**で友人と食事をしました」と、言います。

学習者がそれを繰り返した後で、教え手は、次の文を作るための合図（キュー、たとえば「**横浜**」）を言います。

学習者はそのキューを聞き、

「松本さんは**横浜**で友人と食事をしました」という文を作ります。

もしここで学習者が間違った文を作ったら、教え手はすぐに正しい答えを出します。この行為は、スキナーの考え方で言うと、間違った答えが「習慣」になる前の「強化」に相当します。

このようなドリルは「パターン・プラクティス」と呼ばれています。本来、パターン・プラクティスはオーディオ・リンガル・メソッドの実践形態の一つに過ぎないのですが、英語教育の雑誌などを見ると、ほとんど同義に扱っている記事もあるほどです。

日本語教育におけるオーディオ・リンガル・メソッドの牙城は、コーネル大学に長く勤めたエレノア・ジョーデン（E. M. Jorden）という言語学者による教科書『Beginning Japanese 1&2』です。全編アルファベットで表記された、ドリル満載のこの本は、長い間アメリカの日本語教育におけるスタンダードとして君臨しました。

しかし、ドリルのところで述べたように、オーディオ・リンガル・メソッドも、ドリルが単調であることや実際の応用が効かないことをはじめ、さまざまな批判を受けるようになりました。にもかかわらずオーディオ・リンガル・メソッドが文法訳読法に代わり、長くアメリカの高等教育に居座ったのには理由があります。

一つにはオーディオ・リンガル・メソッドに代わる教授法が全国的には採用されなかったこと、そしてもう一つには日本でも著名なドナルド・キーン、エドワード・サイデンステッカーといったアメリカの日本研究者たちの多くが、これに近い方法で日本語をマスターしたことが挙げられます。実際、この人たちの日本語は内容といい、話し方といい、とてつもなく上手なのです。

興味深いことは、文法訳読法が最難関の言語スキルである「翻訳」の方法として有効であるように、オーディオ・リンガル・メソッドが、もう一つの最難関スキル「通訳」の養成にきわめて有効な考え方であることです。オーディオ・リンガル・メソッドは、あるインプットに対して正確なアウトプットを行うことが目標ですが、これはサイト・トランスレーションやシャドウイングといった通訳技法に求められる目標と同じです。通訳者には自分の意見や意向を介在させず、自らが正確な口頭翻訳機械になることが求められますが、オーディオ・リンガル・メソッドで批判されているようなこの欠点は、トレイスマンやバリックといった初期の通訳学の旗手たちが理想的なあり方としたことなのです。

なおオーディオ・リンガル・メソッドの心理学理論のリーダー、スキナーは1990年まで存命しました。晩年は、彼の主要な批判者たちである旧タイプの認知科学者たちに反論しながら、文明論や尊厳ある生き方について考察を深めました。彼の最後の書『Enjoy Old Age』は、僕が最も感激した本のうちの一冊です。

また、オーディオ・リンガル・メソッドを乗り越えるために、この数十年、さまざまな外国語教授法が登場しました。そのすべてにふれることはできませんので、もっと勉強したい方は、この節の終わりに挙げた二冊をぜひ読んでみて下さい。

コミュニカティブ・アプローチ

「三大教授法」の最後には、70年代のヨーロッパで登場した教授法、コミュニカティブ・アプローチを挙げたいと思います。

EUがまだ夢物語であった1970年代でも、経済市場としての「一つの欧州」というのは既に認知され、人々は労働や旅行の目的で国家間の行き来を盛んに行っていました。ご存じの通り、ヨーロッパの言語は国や地域ごとに異なりますから、多くの人が外国語で意思疎通をするニーズを持つようになりました。ところがこのニーズが顕在化してくると、どうやら教室のドリルで教師が求める正しい文が言えることと、実際に外国語で上手にコミュニケーションができることはちょっと違うらしい、という認識が教師にも、また学習者にも広まってきました。

そこで

●実際のコミュニケーションとはどういうものか

●どうすればそれが円滑に進むか

という観点から開発された教授法が、コミュニカティブ・アプローチなのです。

ではオーディオ・リンガル・メソッドとの比較で、コミュニカティブ・アプローチを考えてみましょう。

最も大きな違いは誤用、つまり学習者によることばの間違いについての考え方です。

オーディオ・リンガル・メソッドでは、目標言語の運用においての正確さが重視されてきました。間違った文を数多く話すと、それが「習慣」になってしまうので誤用は排除し、正しい文として「反応」できるようになるまで、ドリルに次ぐドリルで訓練をしなければなりません。

一方、コミュニカティブ・アプローチは、目標言語を使って大小さまざまな用事がこなせればいい、という考えですから、誤用はすぐに訂正されたりはしません。それよりも、学習者が一連の談話※においての、コミュニケーションが達成できたかどうかに重きを置くわけです。

この理念の違いはそのまま、シラバスの違いになって現れています。

※談話……コミュニケーションのアウトプットとしての言語使用のこと。書き言葉にも用いるが、多くはひとまとまりの会話を指すことが多い。

オーディオ・リンガル・メソッドが文型によるシラバスであるのに対して、コミュニカティブ・アプローチでは、目標言語が実際に用いられる「場面」や「状況」あるいは、目標言語を使って何を果たすかという「機能」に基づいて、シラバスが決まっています。ですから単なる文の集合としてコミュニカティブ・アプローチのシラバスを見ると、まるで「旅行に役立つ会話表現100」のような、頼りないものに映ります。易から難へと似た構造の文型から構成される文型シラバスと比べると、まるでくっつきの悪いお米で握ったおにぎりのような、不安定な感じを受けます。

とはいえ、ことばが実際に用いられる時は、必ず特定の場面があり、話し手はある意図を持ってことばを用いています。ですからコミュニカティブ・アプローチの教科書を見ると、各課は「郵便局」「ホテル」といった場面別になっていたり、または「予約を入れる」「誘いを断る」といった機能別になっていたりします。そして、その中でそれぞれの表現が的確に使えるように配慮されています。

ですから授業での発話、つまり文を音声として口にする行為も、現実の言語使用に近い場面と、ことばを使用する必然性に動機づけられています。言い換えれば、コミュニカティブ・アプローチでは、「意味のあることば」を使用することが求められているのです。

もちろん現実の言語使用といっても、教室は郵便局やホテルではないし、教室を見渡しても郵便局員や案内係がいるわけでもありません。教室は教室であり、先生と生徒がいて机と黒板があるきりです。つまり教室という場所は、そのままではコミュニカティブ・アプローチが意図する「意味あるコミュニケーション」ができる場所にはなりません。

そこで教え手は、現実そのものとは言えなくても、それに近い場面を設定したり、さまざまなタスクを与えたりして、学習者に「そのことばを使ってコミュニケーションしたい」という気持ちにさせるわけです。

結果としてコミュニカティブ・アプローチの授業で中核をなすのは、アクティビティになります。たとえば学習者相互が役割を決めてコミュニケーションをするロール・プレイや、互いの情報ギャップを埋める活動、あるいは「招待状を書く」「断りの電話を入れる」といった活動を行うことになります。

けれども、基本的な単語も文型も頭に入っていない学習者に、いきなり意味あるコミュニケーションをしなさい、と命じても、もちろん何もできません。好き嫌いにかかわらず、ある程度の知識の固まりをきちんと身につけないことには、創造的なコミュニケーションなどできるはずはありません。

このような理由から、実際の日本語教育の現場ではコミュニカティブ・アプローチの理念を尊重しつつ、基礎は文型の説明やドリルに置き、そこにさまざまなアクティビティを入れる授業の流れになっています。大阪大学の西口光一さんは、このような教授法を「折衷主義的」と喝破しましたが、的を射た呼称だと思います。

教授法研究の歴史において、オーディオ・リンガル・メソッドが厳しい批判にさらされてきたことは確かです。しかし、ある外国語を本気でマスターしたい場合に、その音や構文を、それこそ飽きるほど口にして耳に叩き込むことは、決して無為な試みではないようです。たとえば、日本有数の英語の使い手として知られる国弘正雄氏が勧める「只管朗読」（中学校のテキストをひたすら朗読する試み）は、これに近いものがあります。国弘氏が著名な同時通訳者であることも、興味深い事実です。

コミュニカティブ・アプローチは新しい教授法ですが、これは他の教授法を淘汰し、凌駕した、唯一絶対のものではないのです。21世紀の社会ではとにかく目標言語を使って用をこなさなくては、という学習ニーズが圧倒的に多く、その「最多数派」のニーズに見合う考え方が、コミュニカティブ・アプローチである、ということです。

実はコミュニカティブ・アプローチは、その理念が持つ強い説得力と裏腹に、特定の教育環境以外にはなじみにくい教授法でもあります。日本の中学・高校の英語教育でも、教室でどのようにコミュニカティブ・アプローチを実践するかに関して、志の高い先生たちが腐心されていますが、なかなか理念だけでコース・デザインを決めることは簡単ではないようです。

またコミュニカティブ・アプローチという新鮮な語感のせいか、正しい理解なしに、あるいは曲解して、宣伝や広告に用いている例もたくさん見かけます。ある英語学校の広告では、コミュニカティブ・アプローチを

●**幼児の言語習得をモデルに**（「ナチュラル・アプローチ」との区別がありません）
●**オーディオ・リンガル・メソッド→直接法と教授法が進化し**（えっ？）
●**コミュニカティブ・アプローチは「最新の言語学理論」である**

と断じていますが、いくら商売上のコピーとはいえ、外国語教育学の先行研究に対して、もう少し理解と敬意があるべきではないか、と思います。

なお日本語教授法について深く勉強したい方には『外国語教育理論の史的発展と日本語教育』（名柄迪・中西家栄子・茅野直子著・アルク）が包括的にまとめられた好著として勧められます。また英

語教育になりますが『現代英語教授法総覧』（田崎清忠著・大修館書店）は理論的背景も含め、外国語教育の教授法を詳細に述べた書籍の中では、白眉と言うべきものです。

●三大教授法のまとめ●

文法訳読法

●外国語学習観●
文法をマスターし、テキストを母語に訳すことが学習である

●実践例●
文学作品を一文ずつ精読し、翻訳していく

●採用している現場の例●
イタリアの大学の日本研究科

●学習者の例●
たとえば古典文学の研究者

オーディオ・リンガル・メソッド

●外国語学習観●
外国語の学習は習慣の形成として学習されるべき

●実践例●
教師の合図を聞き、文を作って口にするドリル

●採用している現場の例●
世界のかなり多くの教育機関

●学習者の例●
たとえば音声教材を用いた独習者

コミュニカティブ・アプローチ

●外国語学習観●
外国語は文脈のあるコミュニケーション手段として学習されるべき

●実践例●
ロールプレイ、ペアワークなど多彩な教室活動

●採用している現場の例●
オーストラリアの中学・高校

●学習者の例●
たとえば「観光日本語」を学ぶ高校生

四、コミュニカティブ・グラマーとその教え方

文法知識は必要か

これまでに外国人に日本語を教えるための勉強として、音・単語・表記と三つのレベルについて考えてきました。

四つめのレベルは文の構造、つまり文法の問題です。外国人に教える場合の「日本語の文法」というのは、いったいどういうことを意味し、また何を知っていなければならないのでしょうか。

ほとんどの日本人が「文法」と聞いて思い出すものは、学校で国語の時間に勉強した「国文法」と、英語の時間に勉強した「英文法」だと思います。ついでに書くと、どちらもあまり面白くはなかったことも思い出すのではないでしょうか。

たとえば国文法では何を覚えていますか。

たぶん「未然・連用・終止・連体…」という動詞の活用形だとか、上一段、サ変といった用語、そして「か・き・く・くる…」などと続く、呪文のような音の羅列でしょう。

また英文法ではどうでしょうか。

やはり覚えているのは、「副詞句」「第2文型」などの用語や、「知覚動詞の補語に原形不定詞が来

る場合と現在分詞が来る場合の相違」といった、煩雑な説明ではないでしょうか。そしておそらく、こんなことを勉強したって英会話ができるようになるわけじゃないし、とでも考えたことと思います。結局、文法がつまらない理由の平均的なところは、「用語がわかりにくい」「それをやっても話せるようにならない」といったあたりではないでしょうか。しかしたとえば日本人が英語を学ぶ場合、英文法を知らなければ、正確に話せるようにはならないのです。

「グッモーニン！」と、固定したフレーズを上手に口にするだけだったら、何回か練習すればできるようになります。しかし、これだけを取り上げて「早期英会話教育の達成」と言うのは、ちょっとお粗末な話です。「私は行かない」を「彼は行かない」にしたとき"He don't go."ではなく"He doesn't go."になるというのは、文法の知識です。日本人の英会話をめぐる議論では、会話においてそれが即座に言えるかどうかという**訓練のレベル**と、それが分かっているかどうかという**知識・理解のレベル**とが、混同されていることが少なくありません。

ですから、もし外国人に日本語を教えよう、と考える場合、文法の扱いに関して、改めて確認すべきことが二つあります。

一つは、学習者が適切なコミュニケーションを行うためには、ベーシックな日本語の文法を学習することが必要である、ということです。外国語教育すなわちコミュニケーション、ということを原理的に信奉する人の中には「あることばを母語とする人は、それを使う時に文法は意識しない、だから文法を教えるのはタブーだ」と言い出す人もあるくらいです。

しかし、あることばを母語にする人がそのことばを使うときに文法を意識しない、と言っても、意識しないことと知らないことは、同じではありません。もし文法を知らなかったら、学校で何か文法事項を習った時間に「あ、そういえばそうだな」と確認すらできないことになりますから、これは矛盾です。

二つめは、一つめを踏まえつつ、学習者は「文法そのもの」を習いに来ているのではないし、教え手も文法そのものを教えるわけではない、ということです。当たり前のことですが、ほとんどの学習者の目的は、日本語でコミュニケーションができるようになることです。文法用語の学習や、それを用いた日本語の分析ではありません。

この二つのことは、コミュニケーションを交通に見立てて考えてみると、分かります。

車で行くにせよ歩くにせよ、道路を移動する人は、最低限の交通ルールを知らなければなりません。成文化されていなくとも「クルマは左、人は右」は守るべき最低の限度です。また、赤信号の意味を知らずに進めば衝突するでしょうし、踏切前で一時停止をしなければ大事故を引き起こすかもしれません。赤信号の意味を意識的に考えることは日常生活ではまずありませんが、だからと言って、それは即「交通ルール不要論」にはつながりません。ことばによるコミュニケーションという相互交通においても、正しい文が作れなければ、そもそもコミュニケーション自体が始まりませんし、無理に始めても混乱するだけです。

一方、いくら交通ルールが大切だと言っても、たとえば「踏切注意」の標識には電車バージョンと汽車バージョンが存在する、とか、赤丸で囲まれた禁止標識には全部で11種類あってこれは昭和17年に改正された、などの些末な知識は、日々の移動とはあまり関係ないことです。

コミュニケーションに不要な文法知識や文法用語を押しつけることも同じようなものです。結局、文法の大切さを十分に知りつつ、それをどう教えれば学習者が正確な文を作れるようになるのか、おおらかに考える態度が教え手には必要なのです。

文型文法とプロトタイプ・カテゴリー

それでは、日本語を教えるときの文法は、学校の授業でやった国文法とは何が異なるのでしょうか。

外国人に日本語を教えるときの文法は、よく「文型文法」と言われます。これは、ことばで何かを表現する時に、

●その文はどういう型なのか
●それは話し手のどういう意図を示すのか

に着眼した文法です。たとえば、「ちょっと叱ったつもりだったが、息子**にしてみれば**ずいぶんこたえたらしい」などと言うときの、「**にしてみれば**」を考えてみましょう。

国文法の考え方では、そもそも「にしてみれば」などという切り分けが存在しません。これは「格助詞に」＋「サ変動詞［する］の連用形」＋「上一段動詞［見る］の仮定形」＋「接続助詞ば」と、理解されます。

しかし、日本語教育における「文型」のベストセラー『日本語文型辞典』（グループ・ジャマシィ編著・くろしお出版）には、「にしてみれば」という「文型」が出ています。そして「人を表す名

詞に付いて『その人にとっては』という意味を表す。その人が他の人と比べて違う見方を持っていることを言いたいときに使う」

と記述してあります。

教える立場にとって、また説明される学習者にとって、どちらが理解しやすいかは明白でしょう。このように「文型文法」は「型」と「話し手の意図」の両面から、学習者のために分かりやすく構成された文法なのです。

もっとも「文型文法」ということばは、よく考えられた用語ではあるものの、外国人が日本語を上手に使えるようになるための文法、という意味合いが十分に伝わっているとは言えないと思います。英語教育では、学習者に興味を持ってもらえるような文法学習のアプローチを、「コミュニカティブ・グラマー」と呼んでいます。コミュニカティブ・グラマーは文型文法のようなまとまりのある体系ではなく、実際には文法ルールを身につけさせるためのゲーム集といった趣です。しかし、正しいコミュニケーションの増進という意味合いからは、僕は「文型文法」こそ、「コミュニカティブ・グラマー」の名にふさわしいと考えています。

それでは実際に学習者に文型を教える場合、どんな順番で何を教えればいいのでしょうか。たとえば「日本語文型辞典」には約三千の文型が出ていますが、教える場合には、当然、順番や段階があるはずです。

ここでのキーワードは「プロトタイプ」という考え方です。

人はモノやコトについて、それらをごく自然にグループ化しています。グループ化の結果として生まれたものを「カテゴリー」と呼びますが、プロトタイプというのは、あるカテゴリーの、いわば代表例と考えられるもののことです。うんと分かりやすく言うと「クイズ・100人に聞きました」の答えで上位に来るもののことです。

たとえば「何かを依頼する」という意図の文型を考えると、「〜て下さい」「〜て欲しいんですが」「〜てもらえませんか」「〜てくれませんか」など、数多くあります。しかし、短くて学習者が覚えやすいこと、社会性を持ち始めた子どもが真っ先に使うこと、意図が正確に伝わりやすいこと、などの特徴を考えると、「〜て下さい」が、この意図にあう文型のプロトタイプであり、優先して教えられるべきものとなります。初級文型とは、考え抜かれたプロトタイプ文型の目録であり、より複雑な文型に発展させるための基礎となるものです。

またプロトタイプは、単語を学ぶ場合にも役立つ考え方です。

たとえばペットというカテゴリーでは犬や猫がプロトタイプであり、別に恨みはありませんがホオジロワシやコビトカバは、やはりこのカテゴリー内では周辺的な成員になるでしょう。英語をはじめとする外国語を学習した時も、やはりプロトタイプに相当する「犬」「猫」の方を、先に学んだことと思います。

さらにペットにおける「犬」や、家具における「イス」は、それらをとりまとめる上のレベルの単語（→動物や家具）、下のレベルの単語（→スピッツやリクライニングチェア）の中間に位置する「基本レベルカテゴリー」に属しています。基本レベルカテゴリーに属する語には、「子供が早期に獲得する」「一般に音節が短い」「それらを使った慣用句やことわざが多い」といった特徴があります。

確かに子供は「犬」「猫」といった語は早い段階に覚えるようですし、これらの単語は2拍〜3拍の語ですし、「猫に小判」とは言いますが、「三毛に天正小判」とは言いません。また日本語能力試験の試験概要（シラバス）に出てくる単語でも、4級レベルでは、名詞のほとんどが、基本レベル・カテゴリーに属するものです。

単語や文型をさまざまな観点からカテゴリー化し、プロトタイプあるいは基本レベル・カテゴリーを用いて教えていくことは、これからの研究課題の一つと言えます。

基本文型と教え方の順番

さて、ある文型がプロトタイプであるかどうかを問わず、文型を教える以上、それは動詞の扱いをどうするか、ということになってきます。

たとえばさっき例にあげた「〜て下さい」の「〜て」は「食べて」「見て」など動詞の連用形に接続助詞の「て」が付いた形です。このあたりは日本語教育ではどのように扱うのでしょうか。

日本語教育では、動詞の活用も学習者に覚えやすい形にしてまとめています。実際の教育現場ではさまざまな呼び方がされるのですが、ここでは最も広く用いられていると考えられる名称を、学習者に提示する例を用いて紹介していきますので、動詞の知識を頭の中で組み立て直していただきたいと思います。

学習する事項を文型別にまとめた、いわゆる文型シラバスの教科書では、動詞を導入する時に、まず「**食べます・食べません・食べました・食べませんでした**」のように普通に述べる形、否定の形、過去の形、過去の否定の形を一度に導入します。

この理由は、この四つの形を教えれば学習者は日常の経験や出来事を述べることが、できるようになるし、動詞の種類にかかわらず、形が共通でシンプルだから、というものです。たとえば「食べる」と「読む」は、語尾が「る」と「む」で異なりますが、「読みます」「食べます」にすれば、語尾は「ます」で同じになり、初級の間は覚えやすくなります。

この「食べ」「読み」の部分、つまり連用形を「マス形（masu form）」と呼んでいます。しかし、実際の教育現場では「食べます」までをマス形と教える場合と、「食べ」までを「マス形」と教える場合が混在しています。なお、マス形を発展させた初級の文型には、たとえば「（食べ）＋ませんか」「（食べ）＋ながら」などがあります。


授業が進み、マス形＋四つの形（ます／ません／ました／ませんでした）を使ってコミュニケーションが行えるようになったら、「食べて」「読んで」の形を入れます。

この形をまとめて「テ形（te form）」と言います。テ形は「朝起きて、顔を洗って」と、続けて用いることで動作の連続を示す他、「～てください」「～ています」「～てしまう」などの多様な文型を作ります。テ形というまとめ方は覚えやすい上に汎用性があり、後述の「辞書形」と並んで、学習者の便宜を考えてきた日本語教育における、用語上の最大の達成と言えます。

テ形を教える時に、今まで「～ます」でまとめてきた動詞が、ある分類をされます。

たとえば「食べて」は「食べ」というマス形に素直に「て」をつければ出来上がりですが、「読みます」は「読みて」にならず、「読んで」になります。これはいわゆる音便ですが、この現象を分かりやすく示すために、日本語教育では動詞を次のように三分化します。

まずいわゆる五段動詞は「1グループ」とか「u動詞のグループ」と呼ばれます（泳ぐ oyogu、書く kaku のように、ローマ字書きをすると最後の1字が u になるからです）。このグループの動詞は「読みます→読んで」「泳ぎます→泳いで」のように、テ形がそれぞれ違うので、覚えるのが大変です。そのため、**「し→して、き→いて、ぎ→いで、い・ち・り→って、み・び・に→んで」**という短い覚え方が教えられたりします。

たとえば「出します」のマス形語尾は、「し」ですから、テ形を作るときはそれを「して」にすれば「出して」ができます。「待ちます」「飛びます」などでチェックしてみてください。

次に上一段活用・下一段活用はまとめて「2グループ」とか「ru動詞のグループ」と呼ばれます（語尾がすべて「る」になります）。「見ます」「起きます」「上げます」など、いずれもマス形に「て」を付ければ、「見て」「起きて」「上げて」のようにテ形になります。

最後にサ行変格活用の「します」、カ行変格活用の「来ます」は、ルールは2グループと同じですが、後々の複雑な変化を考えて「3グループ」として別にしておきます。「します」は「勉強します」「努力します」などがついてさまざまな動詞になりますし、「来ます」は2グループの「着ます」と混同されやすいので、注意が必要です。

テ形に続いて出てくる形は、「読まない」「食べない」などの「ナイ形（nai form）」です。テ形が言えるようになっていれば、ナイ形の習得は比較的、スムーズに行きます。

マス形の一つの考え方で行けばナイ形も国文法の未然形と同様に、たとえば「読まない」ではなく「読ま」までにするべきですが、ほぼすべての教科書が「読まない」までをナイ形としています。その結果、未然形から拡張する文型「〜なければなりません」「〜なくてもいいです」は、いわば固定された一文型として教えます。このように、理屈の整合性よりも、学習者にとっての理解しやすさを優先させるのが、日本語教育の文法の特徴と言えます。

ナイ形のあと、国文法の「終止形」「連体形」をまとめた「辞書形（dictionary form）」を教えます。いわゆる「食べる」「読む」の形です。そしてこの時、「読む・読んだ・読まない・読まなかった」とマス形同様に四つの形を教え、ナイ形をここに位置づけます。これによって、たとえば「〜みたいです」などの文型の理解・運用が容易になります。そして、「食べた」「読んだ」の形を「タ形（ta form）」として教えます。過去形と呼んでも良さそうなものですが、「向こうに着いた後で、誰に会いますか」のような文では、ある未来の時に「着く」という動作が「完了した」ことを示しますから、「タ形」が適切です。タ形もテ形ほどではありませんが、「〜たほうがいい」「〜たことがある」など、さまざまな初級文型の源泉となります。

さらにその後で、「食べよう」「読もう」の形、「意志形（volitional form）」が出てきます。話し手の意図は「明日こそがんばろう」のような自分の意志を示すこと、「お昼をいっしょに食べよう」のような誘いかけを示すことです。「食べましょう」のような、「マス形＋ましょう」では誘いかけの意図は示せますが、「食べようが食べまいが」「食べようとする」などの文型には拡張しません。

　これらをマスターした後、受け身の形や仮定・条件の形などを教えて文型が複雑になり、その分、複雑な内容のコミュニケーションができることになります。


　このように、日本語教育の文型文法は、確かに一貫性という点では国文法に及ばないことは確かです。しかし長い時間をかけて、世界中の学習者に教えられ、試みられてきたので、学習者にとっての認知性の高さでは、国文法を凌ぐものがあります。それは「文型を教えることが文法なのだ」という考え方に裏打ちされています。

　文型文法は近年、ますます精緻な分析がなされるようになっています。日本語教育史で有名な、東海大学の関正昭さんや元・獨協大学の故・井口厚夫さんの著作は、文型文法をじっくり考える上で、ぜひ一読することを勧めます。

　また、ここでは動詞の活用について一般的なカリキュラムに沿って見ていきましたが、形容詞（日本語教育ではイ形容詞といいます）やいわゆる形容動詞（同様にナ形容詞といいます）についても、ここで紹介した道具立てに基づいて考えてみるとよいと思います。本を読んで納得することも大切ですが、とうに見知っているはずの日本語を紙に書き、どうすればよく理解してもらえるだろうか、と文法を考えることは、時に養成講座に通う以上の成果があると思います。そしてそれこそが、日本語教育の先達の先生方がなさってきたことなのです。

五、「理解すること」を理解する

今までに「この方法なら学習者がよく理解できる」とか「この教え方では学習者が分からない」と言うことを述べてきました。でもいったい、ある事項を「分かる・理解する」というのは、どういうことなのでしょうか。この章の終わりにこのことを考えてみましょう。

まず、単語のレベルで見ていきます。

たとえば教え手が「犬」ということばを導入するに際して、茶色い柴犬の仔犬が写った写真を示して「これは、犬です」と、説明したとします。

この時、学習者は柴犬の写真を見て、「イヌ」という音を聞き、その二つを結びつけます。しかし心の中で、

（ふうん、日本語ではこういうタイプの茶色い仔犬だけを「イヌ」と言うんだ）

とはまず考えません。示された写真が日本にしか存在しない事物でない限り、学習者は「イヌ」という音と自分の心にある**「概念としての犬」**とを結びつけます。

また同様に、教え手が仮に大きい口を開けて、はっきりと「イヌ」という音を発音したとして、それを聞いた学習者はやはり、

（ふうん、こんな口の開け方でこういう風な強い言い方でこんな感じのアクセントの音だけが、犬

を示すんだ）

とは考えません。人々が発音する個々の「イヌ」という音には無数のバリエーションがあり、少しずつ異なります。ですから学習者が聞いた「イヌ」は、心の中で「イヌ」すべての発音を生み出す**「抽象的な音の概念」**として、保存されます。

つまり、茶色い柴犬の仔犬の写真は、学習者の心にある「犬全体の概念」と、イヌという「抽象的な音の概念」をつなげるための、いわば引き金として機能するわけです。具体的な単語を理解する、というのは、目の前の何かと、聞いて心に保存された音と、目の前の何かの概念化とを結びつけることなのです。

単語のレベルでもう一つ大切なことは、学習者が「イヌ」という音を概念としての犬、いわば犬というカテゴリーの総称として認知したとき、それは心の中の「ことばのネットワーク」に位置づけられる、ということです。

たとえば平均的な日本人にとって、犬は猫とともに「飼われることの多いペット」というカテゴリーに入ります。また鳴き声や首輪、ドッグフードといったことばとも結びついていることでしょう。つまり、あたかもインターネットの「リンク」のようにそれぞれのことばが結ばれて、心の中でネットワークを形成しているわけです。

このネットワークは、あることばと別のことばとの、

- **類似性＝それが別の何かと似ている**（例：犬とおおかみ）
- **近接性＝それが別の何かと近い関係にある**（例：犬と首輪、犬とドッグフード）

●包摂性＝それが別の何かの総称であったり、一部であったりする（例：犬と動物、犬とセントバーナード）

によるつながりを示します。

実際にこのことばを使って日本語でコミュニケーションする時、学習者はこのネットワークからことばを選びだし、ネットワークに蓄積された百科事典的な知識を動員して、話をします。

ですから、成人の学習者であれば、

「月曜日は好きですか」

という単純な質問に「うえー」という顔ができるわけです。これは、学習者が「月曜日」という単語を、「一般的な週の始まりの日」という定義だけで理解しているのではなく、心のネットワークで、休みの終わり、仕事の始まり、憂鬱といった事項とリンクさせているからです。こういった学習者の知識や、ことばの運用に関する頭の働きに着目することで、教え手はより有効な教え方を開発することが可能になります。

では単語ではなく、文型の機能や用法をどのように理解するかについてを、「アナロジー」[※]という道具立てで考えてみましょう。

※**アナロジー**……当該の問題を既知の何かを媒介にして考える認知活動で、推論・問題解決・創造などを支援する脳の働き。

文型積み上げ式の授業の場合、導入される「新しい音」は多くの場合、すでに習った音と似ています。また、表記した場合の構造も似ていることが多いものです。

ここでの重要なポイントは**「似ている」**ということです。これこそが文型シラバスで授業をする場合の利点なのです。

たとえば「AはBです」という文を知っている学習者に、「AはBですか」を理解してもらうプロセスについて、考えてみましょう。

まず教え手が導入の時、「これはペンですか」という文を音で聞かせるとします。ここで学習者が想起するのは、既に知っている「これはペンです」という音です。

二つの音を重ね合わせると、聞いたばかりの音には「か」が余分に入っているわけですから、これが何らかの機能・用法を持つことに学習者は気づきます。そして、その「か」が何であるかを知ることが、いわば新しい課題（タスク）となります。

「です」がすでに心にある領域（モト領域／根源の領域）、「ですか」をこれから理解していく領域（サキ領域／目標の領域）とすれば、この「重ね合わせ」は「写像（mapping）」と呼ばれ、【図8】のように理解されます。

さて、この時に教え手が文尾を上げて「これはペンですか」を言ったとしましょう。

すると学習者は、

●普通、ものを訊ねる場合には文尾が上がる

という知識を有しています。

これは、学習者がこれまでに母語または外国語の音をたくさん聞いてきたという、**聴覚上の身体経験**に基づいています。

また、教え手が学習者の目を見て、答えを求めるように「これはペンですか?」を言ったとします。すると同様に学習者は、

●これは何か質問をしているときの表情だ

と推察します。

これは、学習者が今までに出会ったさまざまな人のさまざまな表情から抽出した知識、すなわち**視覚上の身体経験**に基づいています。

このような比較・対照により、多くの学習者は「か」という新しい余剰な音(キャリー・オーバーと呼びます)が問いかけを示す指標であること、よって「これはペンですか」が何か「質問」であるらしいことを、推測します。

授業中、河田さんは音を聞かせる前に、「ことばカード」を用いて英語で意味を説明してしまいました。いわば導入と説明が、一度になされました。

この方法だと時間がかからず手っ取り早く説明できるかもしれません。しかし、学習者の「類推する力」は使っていないことになります。理解すれば同じことなのかもしれませんが、人は何であれ、自分でできたと

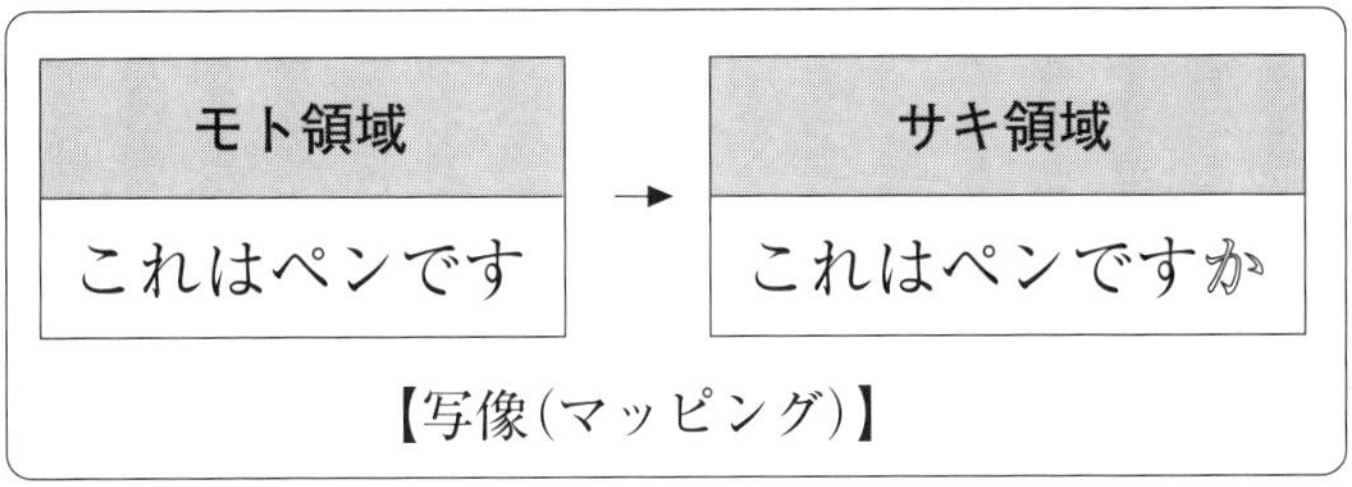

【図8】

いう達成感があればうれしいものですし、それは後に続く学習の動機づけにもなります。

これは、音を使って学習者の知性に切り込む試みです。

たとえ初級であっても（あるいは初級であるからこそ）、日本語を教える上で、きわめて知的な刺激に富んだ部分といえます。

ここまでの、新しい知識を導く心の手続き（推論）は一瞬になされます。まとめると、

- **教え手が学習者に新しい文型を聞かせる**

↓

- **学習者が既知の「似ている」文型を探し、選ぶ**（モト領域の選択）

↓

- **モト領域から選択した文型と、新しい文型とを比較対照する**（サキ領域への写像）

↓

- **身体経験による一般的知識の援用**

↓

- **意味の推測**

のようになります。

この推論が適切になされれば、それに続く説明はより理解しやすくなります。

ただし、だいたい「分かった」からいいだろう、というのは、教え手の態度として適切なものでは

ありません。というのは、どういうルールでその文が正しく作られているかを明示しないと、学習者は勝手にそのルールを他に適用してしまうからです。たとえば「大きい」「高い」など語尾が「い」で終わる、いわゆるイ形容詞の否定形は「大きくない」「高くない」ですが、これと「元気な」「好きな」などナ形容詞（形容動詞）の活用をきちんと分けて説明しないと「これは好きくないです」のような過剰般化※の文を作ってしまいます。

逆に言えば、正しい説明をすることによって、新たに学んだ知識（例：これは何ですか）は、サキ領域からモト領域に転じて、次に新しい文（例：こちらはどなたですか）を聞いたときの理解に役立つわけです。

さっきの推論プロセスにこれを付け加えると、

●**意味の推測**　←

●**教え手の説明による学習**（知識の獲得）　←

●**その文型がサキ領域からモト領域へ移行**（次の理解に向けての知識保存）

ということになります。

※**過剰般化**……学習者が、ある言語の規則を一般化しすぎること。たとえば名詞どうしをつなぐ「の」を過剰般化すると、ナ形容詞について「静かの町」になったりする。

これらのメカニズム探求はまだ十全な研究がなされたとは言えず、教授法の心理的な側面や脳科学の知見を援用して研究される分野です。ですから今の段階では「理解」の簡単なモデルと、それを支援する「身体経験」の重要性を知っておけば良いと思います。

第四章　扉の向こうへ

一、外国人のための扉、日本語教師のための扉

ことばの政策に関わる話から始めます。

自国のことばが国際的なパワーを持つということは、国勢の維持や拡大という点で重要です。たとえば国連では、アラビア語・中国語・英語・フランス語・ロシア語・スペイン語と、六つの公用語が定められています。これらを「自国のことば」として話す国の人々にとっては、国連外交の席上、ことばの障害なく自説を展開したり交渉できたりするから、何かと便利です。

同時に製造・貿易・情報通信などの分野でも、相手がこちらのことばに合わせてくれるというのは、有利なことです。こういった現場で圧倒的に強いのは英語であり、もはや国際共通語としての地位を固めたと言えます。

アカデミズムの分野でも例外ではありません。

近年、スイス、イタリア、スペインなど、欧州の有力理工系大学が集まって、「UNITECH」(ユニテック)という新しい大学連合を作りましたが、ここでの教育言語は英語です。世界中から優秀な学生を集めるために、彼らは個々の利害を超えて、教え、学ぶためのことばとして英語を選び取ったのです。

また「自国語」と定めていることばを外国人が勉強するというのは、国勢の拡大という観点から、どの国の政府もそれを歓迎します。

自国のことばを学んでくれる外国人は、程度の差はあってもその文化に興味を持ちますから、お金が関わる関わらないに関係なく、その国に親近感を持つようになります。これは非常にソフトな形ですが、その国の安全保障に一役買うことになります。

こういった理由から、ほとんどの国では外国人が自国のことばを勉強してくれることを勧め、何らかの支援を行っています。ドイツ語であれば「ゲーテ・インスティテュート」、韓国であれば「コリア・ファウンデーション」といった組織が、その支援に当たっています。

日本も例外ではありません。

日本語を勉強する外国人のために、日本政府はさまざまな援助を行っています。その中で最も大きな二つの政策といえば、

●外国人に対する日本語の公的な試験を実施すること
●日本語教育の専門家を海外に派遣すること

の二つでしょう。僕自身も経験した後者については後で述べることにして、ここでは英検の日本語版、日本語のトーイックとでも言うべき日本語の公的試験について、概要を書きます。

外国語の試験というのは、大ざっぱに分けると、「到達度テスト」「能力テスト」に分かれます。前者は特定機関のコースの特定項目についてどれくらい学んだかを測定するテストで、後者は個々の教育機関それぞれのカリキュラムとは関係なく、ある学習者がある時点で有している能力を測るものです。

たとえば「第六課から第九課まで」などと出題範囲が決まっている中学校の中間テストであれば前

者、大学入試の英語の試験などは後者に当たります。

外国人に対する日本語の公的試験も一般に後者、つまり「能力テスト」の方です。その最大のものは、「**日本語能力試験**（略称は能検）」です。

「日本語能力試験」は1984年に始まりましたから、まだ25年ほどしか歴史がありません。しかし2006年度には、世界中で約43万人がこの試験を受けました。中国語の国際試験である「漢語水平試験」の受験者が、同じ2006年の時点で16万人であることを考えると、国が世界の学習者を相手に施行する外国語試験としては、かなりの規模といえます。実際、試験会場は日本国内で20都道府県、海外の46カ国・地域という大規模なものです。

試験は4級から1級までの四段階に分かれており、どの級を受けても「聴解」「文字・語い」「読解・文法」の三種類が課せられます（ただし英検のように受験者と面接官が向き合って話をする「会話」の試験はありません）。

問題はすべて選択式になっており、日本語を直接書かせる問題はありません。2級から4級までは平均65パーセントが取れれば合格となります。ざっと三問のうち二問が正解であれば合格ですからやや甘いような気もしますが、これは特に下の級ではテストの合格で達成感を与え、それ以降の学習を奨励する、という考えから来ています。

各級の問題は公表されていますから、それぞれの問題を実際に解いてみたり、外国語に訳したりしてみるとどれくらいのレベルが要求されているのかよく分かります。

この日本語能力試験には、他の外国語試験にはない大きな特徴があります。

それは長い間、この試験の「1級合格」を、大学をはじめとする日本の高等教育機関が外国人に対して入学の条件にしていたことです。

たとえば英語では、一般的な英語力の測定にはビジネスマンにおなじみのトーイック（TOEIC）、留学のための英語試験はトーフル（TOEFL）という棲み分けがなされています。日本語の試験では、いわばこの二つが一緒になっていたわけです。

そのために、日本の大学へ留学を希望する外国人、主にアジア諸国出身の人たちは、来日してからまず国内の日本語学校に通い、1級合格をめざして勉強するというパターンが長く続きました。結果として、一部の日本語学校の上級クラスは、進学予備校のような様相を呈していました。

しかし2002年に、「日本留学試験」という新たな試験が始まりました。この施策により、日本語能力試験はようやく、「一般的な日本語運用力の測定」という、本来の目的を測定する試験として位置づけられることになりました。

「日本留学試験」は日本での留学に必要な日本語、いわば「アカデミック・ジャパニーズ」の能力という特化した日本語運用力を測定するもので、他に数学・理科・総合といった科目があります。海外の受験も始まり、現在、アジアの10カ国・地域とロシアで受験が可能です。

日本語能力試験には「上級レベル」とされる1級以上の能力を測定する「超上級」がないことや、会話の試験がないことなど課題は少なくありません。しかし現在のところ、世界中の学習者にとって、最も信頼できる指針として認められています。

一方、日本語を用いた仕事の場面でのコミュニケーション能力を測定するテストとしては、「ジェトロビジネス日本語能力テスト」があります。このテストは、経済産業省管轄の独立行政法人である日本貿易振興機構（ジェトロ）が2008年まで主宰し、現在は民間へ委託されています。

この試験は、受験者は4000人足らずとまだ少ないものの、筆記テストで一定レベル以上に達した受験者には、面接官と向き合って話をする「オーラル・コミュニケーション」があります。またTOEICやTOEFLと同じように級別に問題を分けず、一種類に統合するなどの先進的な試みを行っています。北米の経営大学院（MBAを授与するビジネス・スクール）や先進的な日本企業などでこの試験の受験が奨励されています。

現在では、「日本語能力試験」「日本留学試験」「ビジネス日本語能力テスト」。この三つが、国の後押しを受けて国内外で実施している日本語の試験になります。試験の合格という社会的な証明が、学習者を希望の場所、たとえば日本の大学や日系企業へ導くとすれば、これらの試験はいわば次のステージに向かって開くべき「扉」ということになります。

二、日本人教師のための扉とは

一方、日本語の教え手に対しても、教職免許にも似た「資格試験」のようなものがあります。それは「日本語教育能力検定試験」という名前です。

長い名前なので、業界では「検定」という符丁で呼ばれています。

「検定」は日本語能力試験に遅れること3年、1987年に、40年以上の歴史を持つ日本学生支援機構（旧ＡＩＥＪほか）という文部省関係の独立行政法人が、試験の全容を公示しました。

この機構は「日本語能力試験」「日本留学試験」の実施もしていますから、日本語教育関係の試験総元締めと言えます。当初、検定は「文部大臣認定」がついていましたが、現在はさまざまな事情でこれがなくなり、強引な区分けをすれば民間の試験となりました。かといって、業界における「検定」の重みがなくなったわけではありません。

協会のホームページにアクセスすると、出題範囲と実際の問題が一部公表されています。毎年の合格率はほぼ20パーセントであり、決して易しいものではありません。

しかし、「検定」の合格が、「プロとして教えるための必要かつ十分な条件」かと言うと、そうとは言えないのです。

たとえば小・中・高校で長期的に教壇に立つためには、教職免許が必要条件となります。しかし日本語教育の「検定」が、日本語を長期的に教える仕事に対してその代わりになる存在かというと、そうではないのです。ここにこの業界の難しさがあります。

「専門としての日本語教育」という枠組みを国が定めたのは、１９８０年代の中盤です。１９８５年に、大学で「副専攻」をした程度、いわば専門として認められる最低授業時間が420時間であることと、そこで学ぶべき科目の具体的な内容が、初めて文言化されたのです。

それを身につけているかどうかを問うのが検定です。出題内容は近年、大きく変わり、「社会・文化・地域」「言語と社会」「言語と心理」「言語と教育」「言語一般」の５区分となりました。初めの二つの区別が曖昧なようですが、前者は主として日本語に関わる事項、後者は社会における言語一般の内容です。これを踏まえて、日本語教師の養成講座の内容も大きく変わってきています。新しい出題内容への対応がどの程度の規模でなされているかが、学校選択の新たな基準になってきました。

専門家養成の必要性が語られ、日本語教育を専攻できる大学院が設立された当時の状況は、最近マスメディアをにぎわせている「法科大学院」構想と似ています。異なる点は、法科大学院であればコース修了後は、法曹という既に確立された職業に関われる可能性がありますが、日本語教育の場合は、「検定」合格後の進路が曖昧であることです。

三、職業としての日本語教師とは

それではプロの教え手、つまり日本語教師にはどんな人たちがいて、どんな仕事をしているのでしょうか。海外での教師については次節で触れることにして、ここでは国内でプロとして日本語を教えている人たちについて、もう少し具体的に見ていきましょう。

個々の先生たちのありようは類型を越えて複雑だし、多様です。安易なステレオタイプを作ることは、ブラジル人といえば全員サンバを踊れるように思うことと同じくらいに的はずれです。

「日本語」は学校の教科としての位置づけがありません（あるといいと思うんですが、やはり「国旗→国歌→国〇」とつながる存在が「国語」なのでしょう）。ですから、日本語教師は学校の先生のように「少なくとも教職免許を持っている存在」という定義すらできません。また「検定」に合格した教師も多いと思いますが、それも絶対ではありません。

大ざっぱには日本語教師は、「どこかの機関に所属しているのか否か」「誰に教えているのか」「専任として教えているのか、非常勤なのか」といった分類が可能です。

しかし、それ以上のことは、「たくさんの先生がいる」としか書きようがないのです。言語学には人間言語の普遍性や可変性を探る「言語類型論」という分野がありますが、日本語教師を類型論的に語ることは難しいと思います。

日本語教師をめざす人のための雑誌では、よく「特集」としてモデルケースの人物が登場し、この仕事につくまでの経緯や、現在の仕事の中身について具体的に書いてある記事が載っています。以下は架空の例ですが、たとえば沢田陽子さん（仮名・28歳）は大学卒業後、財団法人勤務を経て現在の日本語学校に勤務、趣味はアジア旅行とインテリアで、

●月曜日：授業の後でスペイン人の学生から漢字学習について相談を受け、その後6時まで教務の会議。夜は大好きな台湾映画を見に行く

などという記述があったりします。

確かに、個人を登場させることは、イメージを掴むには、よいかもしれません。

けれども僕はあの記事を見るといつも、女性雑誌の「一カ月の着回しカタログ」を思い出してしまいます。「着回しカタログ」とは、限られた手持ち服を日常に起こりそうなシーン別に着回して一カ月見せる、という、いわば「架空の日常カタログ」です。たとえば、

●14日：麗奈（娘）のヴァイオリン発表会だから、いつものワンピースに淡水パールのネックレスでフォーマル感を演出

などの日常が出ています。「早朝からいつものジャージで激安野菜市に行列。半額イチゴとお一人様2パック限定100円卵は誰にも渡さない！」などの日常は、あまり載っていません。

雑誌記事に出ている日本語の先生は、べつに嘘の人物ではありません。

また、そこに書かれている日常も、誇張も歪曲もないものだと思います。

しかし、やはり彼ら・彼女たちは編集された人物なのであって、ある種のタイプを代表しているわけではありません。仮にその教師について「アジア旅行が好き」と書いてあり、それが自分と共通することであっても、結局それはある個人のことに過ぎません。他人ごとなのです。自分に似ているからなれる、似てないからなれない、というのは、どちらも編集が生み出す幻想です。むしろ記事に書いていないこと、記事にされなかったことにこそ、真実があるのかもしれません。

ですから職業としての日本語教師を考えるのであれば、まず社会における「位置づけ」を考えてみることです。「学習者の多様化」というキーワードだけでは、この位置づけは見えてこないのです。

いったい、日本語教師という職業はいつごろ認知され、社会に根づいたのでしょうか。

日本語教育がブームになり始めた1980年代の前半、この仕事はまず家庭にいる良質な知性、つまり学識の高い主婦にとっての「職業的受け皿」として、機能しました。これは現在でもあまり変化はありません。

日本語教師という仕事が登場する前は、大学や短大で英文・国文などを専攻した主婦たちにとって定番の「知的労働」と言えば、家庭教師、通信添削、翻訳、児童用の英会話教師といったあたりでした。日本語教師は「ことばと教育」を共通項にする右のような特徴に加え、「見かけ上の間口の広さ」

「外国人とコミュニケーションできる面白さ」「人助けにつながるボランティア精神の充足」など、いわば**「ご近所でできる国際的な仕事」**という要素が、彼女たちに大きくアピールしたことになります。

次にルーティン・ワークから抜け出したいOLたちにとっても、日本語教師はある程度、魅力的な存在に映りました。

教壇での授業は、誰かの補助や手伝いと比べれば、はるかに「個人による完結した仕事」と言えますし、直接法であれば特定の外国語にものすごく秀でていなくても勤まる（であろう）仕事です。

また、事情があって海外では働けないけれど「国際派のあなたのための就職カタログ」のような本を買って読んでいるような女性に対しても、やはり日本語教師という職業はアピールしました。

しかし、日本の国際化が生み出した日本語学習者の急増、というニーズの受け皿に自分が「なりうる」ということは、「希望者なら誰でもなれる」ことと同じではありません。

これは日本語教師という職業が、どういう人たちにアピールするかという背景であって、それぞれの個人にとっての「なり方」「あり方」は、また別の問題です。

ということは、もし自分自身が、右のカテゴリーに入るのであれば、当然のことですが、教師になるための競争は、厳しいものになることが予想できます。そして実際、こういう人たちは「日本語教師養成講座」の受講生あるいは潜在的受講生候補として非常に多いのです。また、その中から抜きん出るための大学院進学や、後で述べる「派遣ボランティア」を指向すれば、そこにも企業や学校からの案内が待っています。

何の仕事でもそうでしょうが、相手が満足できる仕事をし、自分もそれに見合う報酬をいただいてこそ「プロ」というものです。ですから大切なことは、この業界に入ったら、いつになったらお金を払う側じゃなくて頂ける側になれるのか、本当になれるのか、という自分への問いかけや、時間的な見きわめです。言い換えれば、この世界には「これだけのお金を払ってこれだけの時間をかければ誰かが教師になる線路を敷いてくれる」ということはないのです。

どれほど親身な指導をしてくれる養成講座であっても、日本語教師になるためのきっかけを少しばかり提供しているに過ぎません。趣味であればお金を払いつづけても惜しくはないでしょう。しかし職業というのは趣味とは異なる価値観・考え方で成立する世界ではないでしょうか。

ですから必要なことは、どこかの他人を見て、自分がそのカテゴリーに入るかどうか確認することではありません。必要なことは、

●自分自身がこれまでどういうふうに暮らしてきたのか
●自分自身の何を活かして日本語教師になるのか

といった、他の誰とも異なっている個別の戦略です。自分の拠り所、自分なりの視点を見つけ、それと日本語教育という業界を関連づけることではないかと思います。

ある私立大学に出講していたとき、一人の日本人学生が授業後にやってきました。少し親しくなった後、彼はこんなことを言いました。

「僕はエル・アール（というロックバンドです）については誰よりも詳しいし、ビーチバレーも得意ですし、ちょっとロシア語もやってます。ロシア人のビーチバレー選手に、エル・アールの歌を使

った日本語を教えたら、僕は世界一だと思います」

彼は日本語教師にこそならなかったものの、ある商社で活躍し、今は起業を図っているようです。

四、ステップ・アップの前に考えること

日本語教育関係の雑誌を見ると「日本語教師になるために」といった特集では、

- **まず養成講座に通う**
- ←
- **検定に合格する**
- ←
- **海外で修行を積んだり非常勤で教えたりする**

といった、「ステップアップ」のためのチャートが書いてあります。

これは職業としての日本語教育の情報をうまく整理しているという点では分かりやすいものです。しかし前節で書いたとおり、プロとしての日本語教育というのは、モデルケースで単純化できる話ではありません。

僕自身もそういう執筆に関わったことがあるので自戒として書きますが、誇張も偏見もなくこの世界について理解するためには、もう少し異なる視点が必要です。

まず、この世界で本当に食べていこうと思ったら、腹を括る必要があります。

それはプロの役者やミュージシャンあるいは法曹を目指す人たちが持つのと同じ、経済的な覚悟です。芸事で成功すれば億万長者になることも可能ですし、弁護士をはじめとする法曹でも、世間一般の人たちより高い報酬を得られることでしょう。

ところが日本語教育では、最も安定した立場でも経済的には「世間並み」ですから、この業界で食べていこうと思ったら、たくさんお金を得ようという考えだけは、早々に捨てなければならないと思います。

1986年の春先に、僕は初めて日本語学校の面接を受けました。

学校の経営者であったS先生は、「この仕事で一応食べていくことはできるけど、世間並みに食べられるのは専任の教師になるしかない。つまり日本語学校か、大学か、公的な機関か」と言いました。「検定」すらまだ存在しない時代でしたが、この経営者のことばは18年後の今でも、ほぼ間違いないと思います。

S先生のことばを借りて、日本語学校の専任教師と大学の専任教員、それと公的機関の教員（公務員とは限りません）の「これだけで食べられる」を、

- **他の仕事をする必要がなく**
- **毎月、決まった収入と一応の福利厚生があり**
- **うんと先は分からないが数年先までの雇用は大丈夫である**

と、定義しておきましょう。

ここ数年の雇用状況を詳細に見ていくと、公的機関での新規雇用は一年に平均2名程度、大学の教

員公募はもっとありますが、全く新規の人材募集というと、これも相当に甘く見て、年に15人から20人程度です。日本語学校は人材の流動があるので簡単に把握できませんが、仮に楽観的に100人としても、「これで食べられる」という空きは、日本国内では一年間に120人前後しかないわけです。

では大学や養成講座で日本語教育を修めた人は一年で何人くらい出るかというと、年間に300人以上は軽く輩出されます。また、平成14年度の「検定」合格者は、約千百人です。

また、国内外の大学院で言語学や応用言語学、あるいはやアジア研究で修士や博士を取った人たちも、この競争に入ることがあります。残念ですがある年に「これだけで食べられる」仕事がなかった人たちは、非常勤講師・謝金講師といわれるパートタイムで働いたり、他の仕事をしたりしながら翌年、翌々年のチャンスを待ちます。そうするうちに、次の年には新たな修了者が仕事を探し始めるわけですから、人材の需要と供給には、極端に差が出ます。

結果として、前述の「食べられる」仕事が公募されると、募集している機関には膨大な量の履歴書が届くことになります。雑誌の見開き二ページの「こうすればなれる！　日本語教師進路チャート」には、このアンバランスはあまり示されません。

結局どこかの機関に人材の空きがあり、そこの募集広告に応募をし、採用されて給与を得るといった会社勤めの枠組みで仕事を考える限り、給与面でも倍率でも、プロとしての日本語教育は厳しいものです。インターネットで見かける、教師志望者のための「掲示板」を見ても、目立つ質問はやはり「この仕事で食べていけるのか」です。食べていけるかどうかだけが職業選択の理由ではないでしょうが、質問する人の立場であれば、それは当然でしょう。

しかし今の時代、大企業で働く人たちであっても、数年先の自分を明快に想像でき、それを語れる人は決して多くないはずです。また、企業とは成り立ちが違う日本語教育の世界を、「厚生施設」「住宅手当」といったキーワードから捉えること自体に、無理があります。

日本人の常勤教師であれば、一つの教育機関にずっと勤めている、という人はほとんどいないはずです。非常勤の教師であれば、なおさらです。

この世界を率いる重鎮の先生方の場合、そもそも日本語教育が「ない」世界を、「ある」ように変えてきたわけです。つまり日本語教育の黎明期や開拓期には、そもそも公募→採用という前提すら成り立たなかったわけです。

そういった先達の先生方による苦心の末、「検定」や「420時間」という枠ができたわけです。しかしなまじそういうものがあると、何かマニュアル化され、きちんと枠組みが決まった「日本語教育」という世界があり、それを勉強して試験に合格すると安定した学校勤務が待っている、と考えがちです。しかしそれは、新しく人材を採用する側が、最も苦手とする考えです。

「検定」の合格は、仕事を与えられる保証ではなく、仕事を作ることができる最低限の合格点、出発点と考えるべきです。

プロとしての日本語教育は、採用候補者がじっと座ったまま、安定を待っている業界ではありません。つねに多くの人がゆるやかに動き、多様化した学習者のために、何か仕事を立ち上げている業界なのです。

プロとしての日本語教育はお金持ちになるための世界ではないし、安定第一の世界でもない、という腹を括ったら、「扉の向こう」を歩いていくためには、どんな方略が考えられるでしょうか。

次の節で、四点をヒントとして差し上げたいと思います。

五、空論でないステップ・アップの方法

新たな仕事の働きかけ

いかなる日本語教育機関でも、必ず問題を抱えています。それは学習者の急増または激減、教師不足、場所の手狭さ、事務の繁雑さなど多岐に渡りますが、問題を抱えていない所はない、ということだけは確かなことです。学習者が多様化しているのと同様に、教え手側の問題も多様化しているのです。

もしパートタイムの教師として働いているのであれば、常勤の立場になったつもりで物事を見てみると問題のありかも分かるし、時に解決法も見えるかもしれません。それが見えたら口頭でも文書でも、実行者を自分にして、責任ある人たちに働きかけてみると良いと思います。

知り合いのM先生は、ニューヨークでアメリカ人の会社役員に日本語を教えていました。彼女はある時、休憩時の雑談で、もし早朝クラスがあれば社員にもっと日本語を学ばせたいのだが、という話を聞きました。そこで彼女は日本語学校の経営者と相談して、朝七時から2時間のクラスを任されたそうです。このクラスでは『Japanese for Busy People』を使っていましたが、コーヒーの香りでいっぱいの教室では、10人近いネクタイ姿のビジネスマンが出社前に熱心に学び、文字通り「忙しい人

たち」のための日本語クラスでした。M先生も自分で企画・立案したクラスだけに、週三回、6時間のクラスは全部一人で持っていました。

もちろん、どの機関も予算不足に悩んでおり、一つ二つの提言をしたくらいですぐに実行される保証はありません。しかし、常勤の先生たちが悩んでいるのは、さまざまな制約の中でどう教えていったらいいか、次に打つ手は何かということです。

非常勤の先生の中には、日本語を教えたら後は雑事に捉われずに本でも読んでいたい、というタイプの方が少なくありません。しかしここは専任教師の片腕になるくらいのつもりで、問題解決へのパートを担うことを勧めます。

新規プロジェクトへの参画

日本語教育が全体に安定した雇用状況とは言えないことは既に述べた通りですが、それでも日本語教育のニーズは大きいので、国内外を問わず、学習者の多様化を背景にさまざまなプロジェクトが次々に生まれています。実行する機関やプロジェクトの期間、また予算はそれぞれ違いますが、その多くは新しいことの立ち上げであるため、優秀な人材を必要としています。

たとえば前の節で述べた「日本留学試験」は2002年度から始まりましたが、この問題原案作成のために、「アイテムライター」の募集がありました。「アイテムライター」とは、問題作成のための叩き台となるべき案やアイディアを出す仕事です。これには100名近くの方が応募したそうですが、その人材の質はかなり高かったそうです。

あるいは、地方自治体などがそこで生活する人たちのために、独自の教材を作成する場合があります。この場合も、行政側は企画・立案をするものの、実際的な作成や使い方については日本語教育に関わる方でないと分かりませんから、経験者による支援が必要になります。

こういった募集はインターネットにも載っていますが、局地的な情報であったり、期間が限定されたりしていますから、探すのは困難な場合が少なくありません。

殊に役所や行政の広報というものは、情報を「知らしめた」つもりでも、実際はそれを必要とする人たちに届いていない、という例が少なくありません。情報収集のためには、いわゆる口コミをはじめ、さまざまな可能性を探るべきだと思います。

日本語教育の「周辺領域」

日本に定住したり留学したりしている外国の人たちに対することばの支援は、日本語の教師が行います。けれども、ことばさえ支援すれば事が足りるというわけではありません。心理的なサポートや、労働ビザの問題、急病への対処など、ことばの教え手では対応できかねる事態もたくさんあります。

日本語を直接に教えはしないものの、そういった面での手助けをキャリアとして選び取り、教育の周辺から学習者を支援することも、広い意味での「日本語教育」とはいえないでしょうか（もちろん「周辺」とは、たまたま教育を中心にみた物言いであって、彼ら・彼女たちにしてみれば自分たちこそ中心であるでしょうし、それはまっとうな考え方です。僕はこの領域の人たちを「端の方の人」として貶めるつもりは全くありません）。

たとえば、自治体の国際交流協会の職員などは、その好例でしょう。

現在、東北のある自治体で国際交流の仕事をしているOさんは、1994年から二年間、青年教師派遣のプログラムで、西オーストラリア州に派遣されていました。

彼は派遣期間後も豪州にとどまり、シドニー大学の大学院で修士号を取り、帰国後に現在の仕事に就きました。今はボランティアグループの組織化をはじめとして、行政の立場から精力的に外国人の支援や、日本人と外国人のより円滑な共生の仲立ちをしています。

彼の話では過去に日本語を教えた経験が役立っていると共に、教壇に立っているだけでは気づかなかった外国人の立場や弱さ、悩みがよく理解できるようになったそうです。

また、異文化カウンセラーというのもその一例です。

大学の留学生センターや留学生別科には、留学生のための生活指導を中心に仕事をするカウンセラーの先生がいます。東京外国語大学には2名の先生がいますが、彼ら・彼女たちは臨床心理学や異文化間教育を専門とし、その知見から、ことばの教育では届きにくい支援を留学生たちに対して行っています。この仕事は今後、日本語教師に匹敵する大きな位置を占めてくるものと思います。理論的な背景やケーススタディについては、明治学院大学の井上孝代先生による「留学生の異文化間心理学」（玉川大学出版部）が参考になります。

さらに、自分の仕事の中に外国人への支援が入ってくる職業もあります。

中部地方の中都市で中学校の教師をしているTさんは英語を教える傍ら、その地方に多く生活するブラジル人の子供たちに対する日本語教育も行っています。学校の授業に加えて部活の指導など校務分掌もこなし、さらにこの仕事をするのは大変なようですが、もともと不登校児童に対する教育やオルタナティブ・スクールでの教育を指向していたTさんにとっては、「これこそやりたかったこと」だそうです。

もちろん、ことばを教える魅力は、日本語教師ならではのものかもしれません。けれども、日本語を教える仕事はそれだけで独立しているものではありません。また、学習者である外国の人にとって教師は大切な存在ですが、唯一の存在というわけでもありません。

教え手は支援者の一人であり、学習者がなるべく自力で幸福になるための、手伝い役の一人です。もし教え手に就くことが困難な場合、そういった領域で働いて能力を発揮するあり方も選択の一つになりうると思います。

日本人のための日本語教育

今までは「日本語教育」といえば、それは外国人に「外国語としての日本語」を教えることだ、という当然の前提がありました。

今、この前提が変わり始めています。日本人が、母語である日本語をもっと有用な道具として磨きたいというニーズがあり、それに日本語教育が応えようとしているのです。

たとえばアメリカの多くの大学には「フレッシュマン・イングリッシュ」というものがあります。これは新入生に対し、レポートの書き方や発表の仕方、ことばを使った論理的な思考方法、さらにレポートを書くための図書館の使い方までを教える必修科目です。ここには「母語であっても意識的なトレーニングを施さない限り、それは有用な道具にはならない」という哲学があります。

もちろん日本にも国語教育があります。しかし、右に挙げたことが従来の国語教育の枠内で十分にできるかというと、そうではないようです。とくに中等教育の国語は日本語を「習得している」という前提で文学作品を読んだり、鑑賞したりすることを主軸にしており、「ことばの運用としての日本語をトレーニングする」ことはないようです。また、大学や短大にも国語学はありますが、国語という科目は開講されていないのが普通です。

日本語教育は、日本語を客観的に捉えています。

とくに中上級の日本語教育では、上手な発表の方法や日本語によるレポートの書き方が教えられることが少なくありません。

日本語教育の先生の力を援用して、日本人学生のために日本語をトレーニングする試みは私立大学を中心に「日本語表現」「日本語コミュニケーション」といった科目名で、かなり開講されています。日本語教育として勉強してきたことが他の類似分野に幅広く応用できるし、また潜在的な需要があるのだ、という考え方は、ステップ・アップを考えるときの大きなヒントになると思います。

★　★　★　★

もちろん、日本語教育を指向する人は何よりまず外国人に教えたいはずです。また業界全体としては、皆がこの仕事だけをして食べられる世界である方が多くの人材を引きつけられます。雇用の拡大と安定こそが、この世界の活性化には不可欠です。

しかし大切なことは自分がどういうあり方で仕事に臨むかであって、どうやって他人を追い越すかではありません。僕は日本語教育を目ざす日本人学生のための講義で、「与えられた場所で、毎回欠かさずに105パーセントの準備をし、65パーセントの学習者をつねに納得させていれば、自分を見てくれる人は必ずいるし、何回かは大きなチャンスがめぐって来る」と言っています。これは個人的な経験則に過ぎないのですが、ポイントは「毎回」「必ず」ということです。

日本語を教えて食べていくということは、検定や養成講座があっても、基本的には荒れ地の開拓をすることと同じです。

プロの扉を開けても、その先には、誰も何も用意してくれません。何かのきっかけを得たら、世界を自分で広げていくしかないのです。しかし、105パーセントの力で毎回毎回新しい風景を作っていけば、樹を植えたために鳥が来たり、水が意外な方向に流れたりします。

鳥が青い鳥なのかどうか、水が清らかであるかどうか、それは分かりません。

しかしそれだけの風景を自ら作っている方であれば、必ず手がさしのべられ、仕事があるはずだと思います。

六、海外で日本語を教えられるのか

国内の「日本語ブーム」とは少し異なる意味ですが、海外にも「日本語ブーム」がありました。今もその余波は地域によって多少は残っているようです。

第一章に書いた通り、国際交流基金の調査では、海外の日本語学習者の数は、分かっているだけでも298万人以上です。しかしその15年前、１９８８年の調査ではその三割強の、わずか73万人でした。ですからこの十数年における学習者の伸びには、目を見張るものがあります。

さて、日本人であれば世界で298万人以上の学習者が勉強している「日本語」を、日常普通に話しています。ですから「日本語を教える」という仕事は、何となく易しいもののように感じられます。

不景気が長く続いて、思うような仕事が見つかりにくい現在、ひとつ海外へ行って日本語でも教えてみるか、と考える方が出てくるのも自然なことです。

しかし、ちょっとだけ考えて下さい。

日本語を公用語としている外国は、ひとつもありません。

つまり、ひとたび海外に出れば、日本語は「外国語」として扱われます。

ということは、「海外で日本語を教える」ということは、「海外で外国語を教える」ということなのです。

これだけでも何だか急に難しく思えてきたのではないでしょうか。

たとえば「日本で外国語を教える」と言うと、まず思い浮かぶのは、中学・高校の英語教育でしょう。それでは、日本の中学や高校の「英語教諭」で、英語のネイティブ・スピーカーである人を、誰かご存じですか。アシスタントや非常勤ではない正規の先生、つまり職員会議に出席し、クラブ活動の顧問をやり、進路指導の面接もする外国人の教師です。

おそらく、ほとんどいないことでしょう（僕が例外的に知っているのも、とある名門ミッションスクールの先生お一人だけです）。

海外でも、事情は同じです。日本語ブーム、学習者の増加と言っても、これは海外での日本人の就職口がぐんと広がった、という意味ではないのです。

これはよその国の、よその教育事情なのです。日本人で日本語ができるから、という理由では普通は先生としての採用はありえません。

たとえばどこかのイギリス人が、某県の市立中学校の事務室に履歴書を持ってやって来て、自分は英語のネイティブで、日本人より英語が上手だから先生にして欲しい、英会話を教えさせろ、と言っても無駄であることはわかるでしょう。これは「問題外の外」というものです。

また、ちょっと教えた経験があるとか、日本の教職免許があるといった場合でも、話はそう簡単ではありません。

というのは、どの国にとっても「外国人を一人雇う」ということは、「そこの国民の雇用の可能性を一つなくす」ということと同じだからです。

ですから、ある日本人が先生として採用される場合、「なぜその外国人（＝日本人）を雇うのか」

という、相当に強い理由が必要です。その理由がない限り、日本語力が日本人より劣っていても、その国の人（つまり日本人から見れば外国人）が優先して雇われることは、当然です。

立教大学の先輩で、ドイツのある大学で日本語の先生をされている方がいます。この方は滞独生活が十数年におよび、大学院もそちらで終えた、ドイツの日本語教育界をリードする存在です。

しかしこの先生でさえ、この間までは「期間雇用」の身分であり、法律によって、一定期間が過ぎたらドイツを離れなければならない立場でした。一般に、外国人が常勤・常雇いとして採用されるというのは、ものすごくハードルが高いことなのです。

もちろん、教えることがまったく不可能というわけではありません。僕は在外の日本人で日本語教師をしている人たちに研修授業をしたことが何度かあります。しかしほとんどの人たちは、ご自身で望んだ場合でもそうでない場合でも、このハードルをきちんと越えていました。

最も多いケースは、その国の方と結婚している場合です。

また、ご両親が長くその国に住んで仕事をし、多額の税金を納め、その結果として永住権を獲得したというケースもあります。

ですからどうしても海外で日本語を教える仕事をしたい、それで食べていきたい、という場合は、各国の労働条件・雇用条件についての情報収集が欠かせません。

さらに、たとえ日本語を教える高い技術や学識を持っていたとしても、外国では、

- **良くて「お客さん」**
- **普通でも「外国人」**

●悪くすれば「ヨソ者」

として、長く留まらなければなりません。非常勤としての雇用は不安定だし、それを継続するだけでもさまざまな努力が必要です。そしてそれだけの努力をしても、常勤として採用されるかどうかの保証は、残念ながらないのです。

また常勤として採用されると、お客さんとしては優しく扱ってくれた周囲の人もライバルとして見なすようになるかもしれません。神奈川大学の学長を勤めた桜井邦朋さんはその著書で、海外で同僚として遇されるようになった途端、アウトサイダーの立場では決して見えなかった嫉妬や悪意にさらされるようになったことを書いています。日本語を教える世界でも、これに類する話はいくらでもあります。

ですから通常のケースであれば「インサイダー」になることを目指さないで海外で日本語を教えること」つまり一定期間が過ぎたら日本に帰ってくることを前提に考えるのが、現実的です。

七、海外で教えるにあたって

最もありそうな事例としては、家族や配偶者の海外赴任に同行し、現地で日本語を教えてほしい、と頼まれる場合でしょう。

一般に海外赴任となると、出発前は引っ越しの荷造りや煩雑な書類書き、それにことばや住まいの心配といった、自分と家族のことで頭がいっぱいになるものです。海外の学習者のことまで考える心のゆとりは、まずありません。

ところが、現地に着いて生活が落ち着いてくると、この依頼が意外なほど多いのです。僕は海外にある程度滞在したことがある人に会うと、ちょっと日本語を教えてほしい、と頼まれたことがあるかどうか、必ず聞きます。

これまでの結果では、だいたい二人に一人にその依頼があり、留学した学生であれば四人に三人の割合にまで増えます。

けれど、その準備をしていった人となると、ほとんどいないのが実状です。

では、第一章の河田さんのように、そういう依頼が突然舞いこんだ場合には、どう対処すればよいのでしょうか。

まず、いくら人手が欲しい業界であっても、日本人だからという理由でいきなり正規の先生並みに授業をしろ、と求められることはありません。最初は個人教授か、※インフォーマント兼授業補助であるアシスタントか、あるいは文化紹介ということで書道や生け花を見せる、といった程度のことだと思います。

ここで大切なことは、多くの場合、成否にかかわらず、頼まれたならやりましょう、という気持ちそのものが高く評価され、感謝されるということです。

※インフォーマント……元の意味は研究で言語データ収集をする際、生の言語音を提供する人物のこと。外国語教育では教室で生の音声を話す役割の人。「人間テープレコーダー」と思えばよい。

プロとして教えるのであれば、学習者の日本語運用力が高くなることをはじめ、さまざまな面で成果を示さなければなりません。

しかしアマチュアであって、経験もないがとにかくがんばってみたということは、がんばった事実そのものが必ず「その次」につながりますし、現地のコミュニティに入り込んだという点で、立派であると思います。

文化紹介にしても同じことで「勉強中」「ほんの初心者」という、日本での奥ゆかしさ、謙遜の美学はやめて、今の自分にできること、見せられるものを精一杯行えばよいと思います。たとえば「生け花をちょっとかじった程度」であれば、その程度のものを示せれば、それで十分です。

次に、海外で教える場合には、日本国内とは異なる事情がいくつかあります。

一般に外国語というものは、学習者のレベルと関係なく、そのことばが話されている国に行って生活する方が、運用力はぐっと伸びます。というのは、教室の外でも皆がそのことばを使っているし、学習者自身もそのことばを使わなければならない環境にしばしば置かれるからです。つまり教室外のあらゆるところに自分の運用力を伸ばす要素がありますし、結果として学習意欲も高まります。

言い換えれば、そのことばが実際に話されている国に滞在することで、そこでの教育の質や教師の技量に関係なく、学習者の運用力は多くの場合「ついてくる」のです。

たとえばロンドン大学ＳＯＡＳ（東洋アフリカ学部）では、ある外国の言語・文化を専攻する学生は、三年次に、そのことばが話されている国に短期留学することが義務づけられています。そしてテストの成績とは別に、そこでの「滞留」そのものが評価の対象になります。これは、右のような理由によるものです。

日本語でも、まったく同じことが言えます。どれほど力量がある教師でも、海外で教えるよりも日本で教える方が学習者の運用力は相対的に伸びますから、教えやすいのは当然です。

と言うことは、日本語を教えた経験がほとんどない人が海外で教える場合、学習者の運用力がみるみるうちに伸びる、などということはあまり期待しない方が良いのです。

日本語教育の方法については世界で最も進んでいるオーストラリアでさえ、学習者のレベルは中高の6年間の学習で、英語で言えばせいぜい英検3級レベルまでです（そう考えると、6年間勉強すれば、口頭の運用力こそ大したことはないものの、新聞の社説やエッセイまで読めるようにしている日本の英語教育には評価するべき所もあると思いますが、どうでしょうか）。

ですから、海外で教えてみて、学習者の運用力が大して上がらなくても気にする必要はないし、自分の技量のせいにすることもありません。

ここで大切なことは、学習者の希望をよく聞き、相手のやりたいことをうんと細分化することです。たとえば、「町で見かけた漢字の意味を教える」「子供を相手に日本語を使ったゲームをする」のように、ゴールや学習目的が具体的で、教え方もイメージしやすいものに絞っていくことが、成功の秘訣です。

また、海外では教材などの不足も、深刻です。

インターネットがある現在でもそれを教育用に加工することは難しいし、著作権の問題もからんできます。首都や大都市、あるいはそこに近い地域であれば、大使館や国際交流基金の海外日本語センター[※]などが助けになるかもしれません。しかし、人手も教材もない地域では、自分という存在が、日本と日本人と日本語教材のすべてである、という事態もあり得なくはないのです。タイのカンペンペット地域総合大学で教えていたI先生などは、その地域では日本語教師どころか日本人は自分一人だけであり、町中ではサインを求められるほどの、ちょっとした有名人だったそうです。

※海外日本語センター……国際交流基金が海外諸地域の日本語教育・日本語学習支援のために設立したセンターのこと。教材の貸し出しやコンサルティング、情報提供を行っている。2004年現在、ジャカルタ、バンコック、クアラルンプール、ロサンゼルス、シドニー、ロンドン、サンパウロ、ソウルの8都市に設けられている。

八、持っていきたい六冊プラス1

では、海外で日本語を教えることを見据えた準備には、どんなものがあるでしょうか。

文具や教具はたいてい何とか入手可能ですし、ビデオなどの視聴覚教材は電圧や定格の関係から、日本のものを持っていってもそのまま使える国はほとんどありません。

そうなると荷物に制限がある場合、持参品の中心になるものは、結局、自分の勉強を兼ねた書籍になると思います。

なるべくコンパクトにまとめると、以下の六冊プラス1が必要になると思います。

●初級用教科書

これは当然です。前に述べた通り、良い教科書はシラバス、カリキュラム、言語に関する情報、文化に関する情報がコンパクトにまとまっているものです。もし何らかの既存コースの一員として手伝うことになる場合には、そこで採用されている教科書を使うことになりますが、それでも自分の勉強用に、頼れる一冊を持っていくことが大切です。自分で教える場合にはたいてい初級になりますが、荷物スペースに余裕があれば、中級用も一冊あると重宝します。

●教科書準拠のテープ

日本人が少ない地域では、学習者が聞く日本語は教師の声だけ、ということが海外では多いものです。そうではない場合でも自分以外の日本人の声を聞かせる音声教材は必要です。再生機の電圧や質はともかく、カセットテープの規格だけは世界共通なので安全です。CDはかなり普通になってきましたし、早送りや巻き戻しにつきまとうキュルキュル音がないので快適ですが、教科書によってはまだCD移行を果たしていないものもあります。

●教師用指導書

これは教科書によって出版されているもの、されていないものがありますが、定番のものでしたら、たいてい別売されています。ただし、多くの指導書は「～のように教えなさい」とは書いてありません。それは指導書というものが、記述されている通りに教えさせることを意図しているのではなく、よい授業を作り出すきっかけ作りになるように、あるいは陥りがちなミスを事前に防止するように、という意図で作られているからです。

●媒介語↔日本語の辞書

ロシアで教えるのなら日露・露日の辞典、ベトナムへ行くのでしたら日越・越日の辞典です。辞書は「コレ何て言うんだっけ」に役立つことはもちろん、自分の勉強の基本的な素材になります。言語学には、目標言語と他のことばをさまざまな面から比べて検討する「対照研究」というものがありますが、マイナーな言語ではまだそれが十分ではありません。外国語を教えるときには対照研究の目を持つことが重要であり、その目を確保するための基本的な勉強は、辞書を「読む」ことなのです。

●文法書

ここでの「文法」とは、日本語を教える上での「文型文法」を指します。文法書はそこに記述されていることを丸暗記して学習者に示すためのものではなく、ある文型のバリエーションを知るためのものです。たとえば「ことに」を含む重要文型には「～ことになる、～ことにする、～ことになっている、～ことにしている」などがありますが、未経験の教え手の場合、これらの文型は知ってはいても、頭の中での教育用の整理はできていません。文法書はそれを示してくれます。ですからもし適切な文法書が見つからない場合には、「文型辞典」でもその範囲のかなりはカバーできます。

● **国語便覧**

これは高校生が古文・現代文を学習するための資料集です。文学史や作品の解説だけではなく、昔の国名・官位・節季などの説明が豊富で、実に役立ちます。いくつかの出版社から発行されていますが、東京書籍のものがていねいな文学関係の記述、文英堂のものが情報量の多さで、いずれも薦められます。ほとんどが千円以下で入手できますし、コンパクトな説明とカラー印刷が豊富な図版は、この倍の価格でも惜しくないほどです。

● **国語辞典**

「広辞苑」は「味の素」「ウォークマン」のように、具体的な存在そのものがその類をも意味する、いわゆるシネクドキ※にまでなっていますが、使いやすいかどうかは別問題です。日本語の教え手が調べることの多い現代語では「大辞林」をはじめとする他の辞書の方が用例も多く、親切です。ただし、電子辞書はほとんどが「広辞苑」ですから、欲を言えば両方欲しいところです。なお、プロの先生方には「新明解」のファンが多いようです。

※シネクドキ……類と種の関係に基づき、意味のずれが起きる比喩。「バンドエイド」で傷を保護する絆創膏すべてを示すのが種→類のシネクドキ、「花見」で桜を見ることは類→種のシネクドキ。

旅行をしてどこかに泊まると、日常の些事にとらわれないでのんびりしたり、ゆっくりと考え事ができたりできるものですが、たとえば一年の海外生活は、いわば365泊366日の長期旅行ともいえます。日本にいるときには意識しなかった「日本語」にじっくり向き合い、かつ学習者のために役立たせることができる持参品としては、やはり書籍が最高の選択になると思います。

九、政府派遣の日本語教師

それでは偶然ではなく、初めから「現地でインサイダーにならずに、日本語を教えに行く」という目的を持って行く人たちには、どんな人がいるのでしょうか。

それは多くの場合「派遣される人たち」です。

「派遣される人たち」は、

- **政府の派遣**
- **民間の派遣**
- **ボランティア派遣**

に大別できます。

本章の第一節に書いた通り、海外で日本語を勉強する外国人のために、日本政府はさまざまな援助を行っています。つまり「日本国の派遣」で外国へ日本語を教えに行く人たちがいるのです。この人たちは「外務省系」「文部科学省・総務省系」に大別できます。

「外務省系」とは、外務省所管の独立行政法人である国際交流基金および国際協力機構（旧国際協力事業団、いわゆるジャイカ）によって派遣される「派遣専門家」のことです。詳細はそれぞれのホームページに掲載されていますが、共通することは、一定期間これらの法人と契約して、海外へ日本語を教えに行くことです。

以前は「派遣専門家」の仕事は、タイのチュラロンコーン大学やエジプトのカイロ大学など、その国の日本語・日本研究をリードする機関へ教えに行くのが主流でした。しかし近年では各国の「教育省」で日本語教育のアドバイザーとして現地の先生の指導をしたり、教材を作成したりするような仕事が多くなっています。

これは日本語の「普及」というと、太平洋戦争中の、日本語による植民地統治を連想させる（かもしれない）ので、日本語教育政策はそれぞれの国や地域が主導し、これらの行政法人はその「支援」をしていこうとする態度の現れです。

また派遣専門家には、いわばジュニア版として「海外派遣青年日本語教師」という身分の派遣もあります。青年という名称通り、これは35歳以下の人を対象にした派遣プログラムです。

「文部科学省・総務省系」の場合は、中等教育（中学・高校）の教師派遣が多くなります。

都道府県や政令都市などの自治体は、たいてい海外のどこかと姉妹都市の提携をして、さまざま交流を行っています。その施策の中に「交換教師」というものがあり、その地域の教師が選ばれて、姉妹都市の学校で日本語を教えたり、日本文化の紹介をしたりするケースがあります。このシステムを国が支援し、大規模に行っているものに「外国教育施設日本語指導教員派遣事業」略してＲＥＸ（レックス）があります。

プログラム発足から２００２年までで、全国で250名近くの先生たちが、レックスで派遣されています。これは意外に多い数です。

レックスという政策には、日本語教育の支援だけでなく、その姉妹都市の国際化に寄与することが求められています。また派遣された先生たちには、帰国して戻ってから、それぞれの出身自治体の国際化を促進することが期待されています。実際に、レックスの経験者は、帰国後に地域の国際交流や日本語指導の仕事で、リーダー的な存在になっている人たちが少なくありません。

公的機関からの派遣者は、派遣期間中はきちんと身分が保障されていますし、待遇も決して悪くありません。敢えて書けば、外務省系の派遣者は契約期間が終わると、その後の仕事先などは自力で探さなければならないのですが、レックスの先生たちはまた学校に戻り、教員として仕事を続けられる点が違います。ですから、今、教員をしていて、数年間だけ海外で日本語を教えることに興味がある場合、レックスはたいへん良い制度です。

また、日本語教育の支援をしている政府機関は、これらの省庁だけではありません。

経済産業省の関係でも、本章の第一節に書いた通り、「日本貿易振興機構（ジェトロ）」がビジネス日本語の検定試験を行っています（２００９年度より民間へ委託）。また「海外技術者研修協会」は、四十年以上も技術研修生の受け入れを行っている、この世界では名高い研修機関です。

十、民間派遣の日本語教師

二番目の「民間派遣」は、国内の教育機関に勤務している先生が、一定の期間、海外に教えに行くような場合です。

たとえば規模が大きな民間の日本語学校が海外校を設立し、その立ち上げや戦力補強、あるいは研修のために、教師が派遣されるケースがあります。

この場合、教える場所・教える人・期間や時間数といった派遣先との雇用条件がしっかりしていますし、多くは前任者からの引き継ぎなので、比較的安心して教えに行けます。

待遇にしても、所属機関に籍を置いたまま行くことがほとんどでしょうから、高給が期待できるわけではありませんが、現地で生活していく分には不自由なく過ごせるケースがほとんどです。

日本語教育の求人広告を注意深く読んでいると、たまに海外校で勤務する教師を一定期間雇用しているケース、つまり国内校での勤務経験なしで募集しているケースを見かけることがあります。この場合、初心者では採用は難しいと思います。というのは、現地の事情や、そこで話されている外国語に堪能な、いわば即戦力が求められているからです。しかし自分の学校から派遣すべきなのに、該当者がいないからこそ求人が出るわけですから、条件に合致しそうな場合には、思い切って応募してみるのもいいでしょう。

民間派遣というケースで気をつけたいことは、前述したような国内と海外の教育の条件の違いです。

一般に、学習者の運用力向上には、いろいろな要素が関わっています。教え手や教材の質がそれに占める部分は確かにありますが、住んでいるところや人間関係といった、環境の要因も無視できません。僕が教えた学習者の中にも、日本人の彼女ができてからラブレターと交換日記を「教材」に、作文がクラス最下位から最高点の常連になった留学生L君の例があります。

特別な事情がない限り、多くの現職教師は、派遣プログラムの話があれば、引き受けたいと考えていることと思います。しかし、国内で教えている先生が海外に赴任しても、その教授法や技法が、地域の学習者に合致する教え方であるかどうかは分かりません。前述の通り、一歩外に出れば誰も日本語を話していないような環境では、日本で教えていたのと同じ伸びはまず期待しない方が良いでしょう。

十一、派遣ボランティアたちへのエール

さて、「期間限定海外組」の最後は「派遣ボランティア」と言われる人たちです。

このプログラムはさまざまですが、僕なりの定義をすると、「自分で斡旋機関にお金を払い」「一定期間、海外の日本語教育を手伝うサービスをするプログラム」の総称です。

お金を払って行くのですから、もちろん基本的には無給です。日本語教育関係の雑誌を見れば、広

告がたくさん出ています。

このプログラムは、1980年代の半ばから増加しました。これは海外での日本語の学習者が増加し始めた時期と、ほぼ重なります。

派遣プログラムにはさまざまな側面がありますが。基本的には「海外の人手不足と国内での日本語教育ブームという、二つの流れに目を付けた人たちによるビジネス」と考えれば、最も分かりやすいと思います。

もちろんビジネスは悪いことではありません。

お金は払えないが日本人ネイティブが必要な学校があり、お金を払ってもいいから海外で教えたいという人材がいれば、そこには市場が生まれ、競争が生まれ、その業界は活性化します。教育を生業とする人たちの中には、ビジネスとか商売を目の敵にする人がいますが、国立大学でさえ法人化された昨今、それはあまりに単純な発想です。限られた資本で最大限の効果という考え方は、学習者中心の外国語教育と、別に相容れないものではないのです。

派遣プログラムの魅力は、授業を良くしていくための機会が日々、用意されているということです。ということは、現職の教員である地域の日本語教育にもっと貢献したい方にとっては、大いに魅力的だと思います。

ただし僕が知っている限り、派遣プログラムの参加者で、帰国してからも日本語教育を続ける方は、多いとは言えません。最大手の派遣団体でさえ、帰国後にこの仕事についている人は一割もいないのです。

派遣には何十万、時に百万を超えるお金がかかります。それだけの投資をした参加者が、帰国後に日本語教育とは縁を切るというのは、この業界にとっては非常に不幸な事態です。派遣ボランティアの参加者たちは素人かもしれないし、期間限定で日本語教育のお手伝いをするだけに過ぎないかもしれません。しかし、彼ら・彼女たちが世界の日本語教育に、たとえわずかでも貢献していることもまた確かなのです。

以下は、派遣ボランティアに興味があったり、プログラム参加を考えていたりする人たちへの、ささやかな応援です。

日本語教育の現職者として、派遣ボランティアの皆さんに持っていただきたい気持ちは、「教育という行いに対する敬意」です。

日本だけでなく、世界のどこの国でもそうですが、教職に就くというのは、簡単なことではありません。

教育は国策の要であり、それを導く人材に相応の学識・見識と、強い奉仕の精神が要求されます。日本語は世界のさまざまな国の教育機関で教えられていますが、公的な機関であればそれらは必ず国策上の指針によって決定されています。たとえばアメリカの高校で実施されている日本語教育は、ただことばを教えるのではなく、連邦政府の外国語教育に関する「ナショナル・スタンダーズ」を基本方針に、州政府の教育省が定めた考え方に基づいて行われています。それは、日本の公的な英語教育が文部科学省の指導要領にのっとって実施されるのと何ら変わりません。

第六節で書いたとおり、「海外で日本語を教える」ことは「海外で外国語を教える」ことであり、同時に「海外で外国語の教育に携わる」ことです。派遣されたボランティアによる日本語教育のお手伝いも、教育という仕事の一環なのですから、仕事は小さくても責任はあると思います。

ここで必要なのは、発想の転換です。単に日本語を教える、そして海外で仕事をすることによって「自分が〜になる」から、「教育という形で人の役に立つ、人のために何かをする」という視点に切り替えてはみてはいかがでしょうか。

ある派遣ボランティア・プログラムの広告コピーには、「主役は『あなた』です。」とありました。けれど、そもそも教育の主役って、教え手なのでしょうか。

また、派遣ボランティアは「語学留学と比べて安く上がる」という比較をしている広告もありますが、語学留学というサービスを「受ける」側と、ことばを教えに行くというサービスを「与える」側を比べても、あまり意味がありません。

たとえば旅行会社で海外旅行のツアーコンダクターをすれば海外に行きますが、だからといってツアコンは海外旅行に無料で行けるから得だ、というのは乱暴な理屈です。

派遣プログラムの案内を見ると、「英会話が上達する」「国際性が身に付く」といったふうに、「プログラムに参加することで、あなたは〜できるようになる」という文言が少なからず見受けられます。大切なお金を払っていくのですから、自分に何の得があるのかを考えるのは、当然の権利です。「教えながら、自分も学ぶ」という派遣ボランティアの精神を否定するつもりはないのですが、それでも僕は、派遣ボランティアの皆さんが「自分の得」を優先させて仕事をする限り、それと「学習者の幸福」が、現実の多くの場面で衝突することになるケースは多いと思います。

派遣ボランティアを考えている方、すでに派遣が決まっている方に再考していただきたい事実があります。

それは、海外で日本語を教えるということは、

●おおぜいの人の前で
●目標言語（＝日本語）を
●適切に、わかりやすく教える

ということです。この三つのことは、日本で実践するにしたって、大変なことです。

そしてその目的は、学習者が日本語の学習を通じて、目標言語の運用力向上とともに、新しい文化の知識を得たり、視野を拡大したりすることです。「ボランティアである自分が〜になれる」という、派遣される自分が優先で学習者は二の次という視点では、外国語教育など、たとえ手伝いにしてもできることではありません。

もちろん、きちんと研修をしている団体もありますし、僕もわずかながらお手伝いをさせてもらっています。しかし、大学の教職免許にかかる一年間、あるいは国内で日本語教育に携わるための最低ガイドラインを学ぶための400時間強と比べるとまだ改善の余地はあるだろうし、何より右に書いたようなご自身の意識改革と自主的な研修が必要になってくると思います。

また、斡旋をなさる団体にもお願いがあります。

たとえばアメリカへ派遣ボランティアを送るのであれば、米国の日本語教師団体であるATJやNCJLT、または全米外国語教育協議会（ACTFL）に法人として加盟なさってはいかがでしょうか。その加入によって、たとえば全米の外国語教育9団体による共同プロジェクト「ナショナル・スタンダーズ」の最新情報が入手できます。限られた研修期間に、あまり知識のない参加者にそれらすべてを理解してもらうのは難しいかもしれません。しかし、参加者たちが取り組む日本語教育の大きな枠組みがどういうものなのか、どのような力学がそこに働いているのか、これらを知らせることは、やはり派遣団体でなければできないことだと思います。

今、海外でプロとして日本語教育に関わっている人たちと派遣ボランティアの人の間には、教えるスキルや知識の問題ではなく、ある種の溝があるようです。

それは、

●日本語教育をすることが「目的」である人たち

●日本語を教えるのを「手段」にして何か得ようとする人たち

の意識差といっていいと思います。その意識差を派遣団体が埋めることができれば、海外の日本語教育に資するところは、たいへん大きいと思います。

派遣ボランティアの人たちの口から、その目的は「自分探し」である、と聞いたことが何回かあります。僕はがさつな人間なので、それがどういう意味なのか、分かりません。ただ、自分のために何かするだけでは何も見つかるはずはなく、他の人のためだけに何かを懸命にすることだけが、その「自分探し」のきっかけになることは分かりますし、プロとして日本語を教えている人であれば、それは誰でも分かっていることだと思います。

派遣されることを決意する事情には、さまざまなものがあることでしょう。お寺の修行じゃあるまいし、お金をはたいて海外生活するのに、自分の人生と関係ない人からはアドバイスも応援も欲しくない、と思う方もたくさんいると思います。

けれども、派遣中に少なくとも数回は、自分が「教育」という所為に関わっているんだ、しかもかなり深く関わっているんだ、と感じることは必ずあるはずです。

そんなときには、こう自問してはいかがでしょうか。

「自分の得のためだけに教えている教師を、わたしは信頼できるだろうか？」

「これは素人が片手間にやれることではなく、経験が浅い自分であっても、時間や労力を捧げるだけの価値がある仕事なのではないだろうか？」

十二、日本語のプレゼント

最後の話です。

国と国の間で人やものの出入りが頻繁になると、ことばの出入りも頻繁になります。ですから現代の世界では、日本人とはまったく関係ない所で日本語が扱われることもあります。

たとえばカナダの高校で、イギリス人の教師が、台湾からの移民である生徒たちにある文型を教えている時、もう日本語ということばは、日本人だけの独占物ではありません。そこでは日本語は、コミュニケーションを成立させるための、国際的な資産、公共物にすらなっています。

その教え手である日本語の教師は、それでお金を取るプロと、お金は取らないアマチュアに分かれます。しかし、職業として成立している行為にこの二つが並立しているのはレーサーや棋士など、かなり特殊なものに限られます。たとえば「アマチュア銀行員」にはお金を預けたくないし、「アマチュア医者」にも命を預けたくありません。

つまり、プロ予備軍とか愛好家集団としてのアマチュアが存在する職業というのは、本来はお金を取る仕事ではなかったか、またはその仕事がよほど面白いかのどちらか、あるいはその両方です。

横浜・みなとみらいにある「アメリカ・カナダ大学連合日本研究センター」の教授である松本隆さんは、ホームページ中に、旧友に会って自分の職業を紹介しても最後までプロとは見なされなかった、という話を書いています。これは前者を示す例でしょう。

一方、後者を示す話、つまり日本語を教える面白さを示す話も、枚挙にいとまがありません。昔、日本語学校で知り合ったK先生は隠退された商社マンでしたが、自宅でも近所の外国人に無料で日本語を教えていました。

「何を見せても一人ひとり反応が違うし、言うことも違う。こんな面白い仕事はそうはないよ」

と、駆け出しの僕に、先生はよく言っていたものです。

けれど日本語教育の世界では、アマチュアの教え手は「アマチュア教師」ではなく、「ボランティア教師」と呼ばれています。アマチュアには「未熟さ」「物好き」といった含意がありますが、ボランティアだったら、同じことをしても「奉仕」や「公共性」のイメージが伝わってくるからでしょう。

地域の外国人を支援する目的で設立されたボランティアグループは、たくさんあります。中には、100名以上の学習者を抱えた所や、ホームページを開設している所もあるほどです。

実際、定住している外国の人にとってことばの問題はごく一部でしかありません。行政サービス、就労問題、教育、医療など問題・課題は数多くあり、それらは日本語ボランティアグループなどのNPOでなければ解決できないのかもしれません。

しかし僕は、NPOに十分な敬意を持ちながら、しかし「組織」だけが日本語を学びたい外国人のニーズをすくい取ることが可能かというと、そうではないと思います。

学習者の中には、仕事の都合で定期的に日本語教室に通えない人もいるかもしれないし、寸分の乱れのないシステマティックな教え方に馴染めない人もいるかもしれません。

また、複数の先生からでなく、特定の個人の先生からだけ教わりたい生徒さんもいるかもしれません。中には教え手―生徒という立場ではなく、日本人と友達同士の関係を築きたいという人もいるはずです。

そういう人たちに、「個」と「個」の立場で日本語を教えることも必要だと思いますし、それは不可能ではないはずです。

個人の立場で外国人に日本語を教えることは、日本語という手作りのプレゼントを渡すことに似ています。

相手の望むもの（＝習いたいことば）をよく考えます。

もちろん自分の予算（＝予算そのものや時間、条件）も考慮に入れます。

包装紙やリボン（＝提示のしかた、説明）に気を遣って、タイミング良く渡します（教えます）。

もちろん、見返り（＝授業料）は期待しません。

そして、受け取った相手が喜んでくれたら、何より自分が嬉しくなります。

もし贈り物が手作りのクッキーであり、それを誰かにあげるたびに毎回、大好評であれば、それを収入源にすることを考えてもいいと思います。

あるいはプロにならなくたって、クッキー作りが大好きであれば、材料の配合や新しい作り方を考えることは決して苦ではないはずです。

僕が書いてきたことは、国内外を問わず、過度なお金の負担をかけないで、頭の中の日本語を編集し、そういう人たちに教えてみてはどうですか、という提案、そしてそのための具体的な方法です。

自分が使っていることばを客観視して教えることは、何より面白いことですし、それによって自分とことばの関わり、ことばと世の中の関わりがよく見えてきます。もちろん苦労はありますが、相手にはもちろん喜ばれるし、長い目で見れば、より多くの人にとって住みよい環境を作ることにも役立ちます。

●自分の愉しみ

つまり、外国人に日本語を教えることは、
であり、あるいは、

●人助け
であり、ささやかな規模ではありますが、
●社会活動
でもあるのです。
贈り物をすることは、時にそれを貰うよりも、はるかに楽しいことなのです。
日本語をプレゼントしては、いかがですか。

あとがき

いかがですか。

ほんの少し、日本語を教えてみようかな、という気持ちになっていただけましたか。

外国語として日本語を教える世界には、教え手である教師はもちろんのこと、現場を支える事務方や、出版社をはじめとするマスメディアなど、たくさんの人たちが関わっています。

僕が知る限り、この世界に関わる多くの人たちは、他の世界であれば珍しいと思えるほど、誠実に努力しています。大の大人が、と笑われるかもしれませんが、日本語教育の世界は本当に「一生懸命学校」なのです。

それでも日本中・世界中のニーズに応えるには、まだまだ人手が足りないと思います。

教え手であるか否か、日本語のネイティブであるか否か、経験者なのかこれからの人なのか、という相違を乗り越えて、この世界が盛り上がっていくためのお手伝いをこの小著が担ってくれることを、そして読者の皆さんがそれを担ってくれることを、書き終えた今は願ってやみません。日本語教育には、解決すべき問題も、新しい研究や教育の可能性も、まだまだたくさんあるのです。

なおこの本には、類比（アナロジー）による事物の理解や、カテゴリー化、比喩（見立て）の問題など、今までの入門書には書かれなかったような事柄を、少しだけ入れてみました。認知言語学と総称されるこの分野の研究は、いま、英語教育をはじめとする外国語教育に、少しずつ取り入れられてきているところです。ですからこの本は、僕が「応用認知言語学」と呼んでいる、認知言語学から日本語教育へのささやかな橋渡し、試問でもあります。

稿を終えるに当たって、恩師である倉谷直臣先生（元・神戸松蔭女子学院大学）と、高見澤孟先生（元・昭和女子大学大学院）に、心から感謝の意を表したいと思います。倉谷先生は一冊の新書を通じて僕をこの世界に誘って下さり、高見澤先生は、実際にこの世界で働くためのきっかけを下さいました。

お二人の先生がこの十数年間、ケーキやビールを前に示して下さった視点や知見が、この本に少しでも活かされていれば、僕はとても嬉しく思います。

２００４年春　さいたま市大戸の書屋にて

荒川洋平

[著者]
荒川洋平（あらかわ　ようへい）

東京外国語大学准教授（留学生日本語教育センター）。

1961年東京生まれ。

立教大学文学部仏文科卒業。ニューヨーク大学教育学大学院修了。

デューク大学助手、国際交流基金日本語国際センター専任講師を経て1999年から現職。2002年～2006年、大学院地域文化研究科助教授。専門はメタファー研究を中心とした認知言語学。

著書に「日本語Ⅰ～外国語としての～」（共著・放送大学教育振興会）がある。

CROSS CULTURE LIBRARY
クロスカルチャーライブラリー

もしも…　あなたが外国人に「日本語を教える」としたら

2004年 5 月20日初版第1刷発行
2010年11月18日第 8 刷 発 行

著　者	荒川洋平
発行者	小林卓爾
発行所	株式会社スリーエーネットワーク 〒101-0064　東京都千代田区猿楽町2丁目6番3号　松栄ビル 電話：03-3292-5751（営業）　03-3292-6521（編集） http://www.3anet.co.jp/
企画担当	杉山正吾
編集担当	中野敏文
イラスト	深川直美　**装幀・本文デザイン**　山田 武
印刷・製本	株式会社シナノ

ISBN978-4-88319-307-3 C0081